NOÇÕES BÁSICAS DE

HEBRAICO
BÍBLICO

PARA LER E TRADUZIR

Rosemary Vita
Teresa Akil

NOÇÕES BÁSICAS DE

HEBRAICO
BÍBLICO

PARA LER E TRADUZIR

© 2004 por Rosemary Vita e Teresa Aki

2ª edição: março de 2007
7ª reimpressão: novembro 2023

REVISÃO
Dr. Carlos Osvaldo Pinto
Lucas Rangel de Castro Soares
Eliezer de Souza Peruci
Rafael Gustavo de Almeida Viana
Luis Carlos dos Santos Jr.

NOTAS ADICIONAIS
Dr. Carlos Osvaldo Pinto

CAPA
Patrícia Caycedo
Diagramação
Atis Design

Editor
Aldo Menezes

COORDENADOR DE PRODUÇÃO
Mauro Terrengui

IMPRESSÃO E ACABAMENTO
Imprensa da Fé

As opiniões, as interpretações e os conceitos emitidos nesta obra são de responsabilidade das autoras e não refletem necessariamente o ponto de vista da Hagnos.

Todos os direitos desta edição reservados à
EDITORA HAGNOS LTDA.
Rua Geraldo Flausino Gomes, 42, conj. 41
CEP 04575-060 — São Paulo, SP
Tel.: (11) 5990-3308

E-mail: hagnos@hagnos.com.br
Home page: www.hagnos.com.br

Editora associada à:

Dados Internacionais de Catalogação na Publicação (CIP)
(Câmara Brasileira do Livro, SP, Brasil)

Akil, Teresa
  Noções básicas de hebraico bíblico: para ler e traduzir/ Teresa Akil e Rosemary Vita. 2 ed. — São Paulo: Hagnos, 2007.

  ISBN 85-89320-40-5

  Bibliografia

  1. Bíblia – Estudo e Ensino
  2. Bíblia – Linguagem, estilo
  3. Hebraico – Estudo e ensino
  I. Akil, Teresa.
  II Título.

04-0057   CDD-492.4707

Índice para catálogo sistemático:
1. Hebraico bíblico: Estudo e ensino

Sumário

Como usar o livro 7
Apresentando a língua 8
Alfabetização 11
O shewa 31
O dagesh 33
O waw conjuntivo 37
O artigo 39
As preposições 41
Os pronomes 45
Os adjetivos 49
Os substantivos 53
O construto 57
Os sufixos pronominais 61
Noções básicas do verbo 65
Tabela - Resumo das construções verbais 66
Tabela geral de conjugação de verbos fortes 67
Verbos fortes
    1ª Construção: Qal 69
    2ª Construção: Nifal 82
    3ª Construção: Piel 85
    4ª Construção: Pual 85
    5ª Construção: Hitpael 85
    6ª Construção: Hifil 89
    7ª Construção: Hofal 89
Verbos fracos
    Verbos Guturais 91
    Verbos Contratos ou Assimilantes 94
    Verbos Quiescentes 95
Textos para exercícios 97
Vocabulário 101
Bibliografia 107

Como Usar o Livro

Este é um livro que pode ser usado tanto por quem já estuda hebraico e quer fixar mais a matéria como por pessoas que querem começar o seu aprendizado da língua ou que já o fizeram em algum momento no passado e estão querendo relembrar.

O hebraico é uma língua simples, tão simples que em apenas algumas lições básicas se é capaz de ler, entender e, com o auxílio de um dicionário, traduzir a Bíblia. Este livro chega para lhe alfabetizar e oferecer noções elementares de gramática e verbo.

Na parte de alfabetização, você aprenderá as 22 letras hebraicas e os seus sinais vocálicos em apenas cinco lições, fazendo uso da repetição oral e escrita, para fins de memorização. Lembre-se: saber o alfabeto é aprender 50% do hebraico. Saiba bem o alfabeto e o resto será simples, muito simples. Durante a alfabetização, você verá constantemente um quadro cuja estrutura, da direita para esquerda, é:

Nome da letra é como a letra se chama em hebraico	**ALEF**
Forma Impressa é o desenho da letra quando impressa - assim aparece na Bíblia	א
Forma Cursiva é o desenho da letra quando escrita à mão	lc
Som da consoante é o som que ela tem sem a presença da vogal	**SEM SOM**
Valor numérico, pois as letras podem ser utilizadas como números	1

Lembre-se dessa estrutura quando estiver estudando o módulo de alfabetização.

Outro aspecto importante é a feitura dos exercícios. Faça todos os que lhe são sugeridos, pois eles acelerarão sua memorização e familiaridade com a língua.

Os módulos de gramática e verbo são auto-explicativos, qualquer pessoa que tenha memorizado o alfabeto e entendido a mecânica da língua não terá dificuldade com eles. Mas atenção: não tenha pressa. Faça cada lição com esmero e só passe para a próxima quando já houver memorizado a anterior.

Dito isto, *Baruch' ata' Adonai*. Que Deus o abençoe no estudo da mais fascinante língua bíblica.

As autoras

Apresentando a Língua

Segundo os lingüistas, o alfabeto surgiu entre os séculos 18-17 a.C., na região semítica norte (Síria, Palestina e Fenícia), por isso se diz que a língua hebraica (surgindo cerca de 1200 a.C.) descende das línguas da região semítica norte.

As línguas semíticas são divididas em:

SEMÍTICA ORIENTAL	SEMÍTICA OCIDENTAL	
Acádio	Setentrional	Meridional
	Cananeu, Moabita, Fenício, **Hebraico**, Ugarítico, Aramaico	Árabe, Etíope

1ª Característica da língua hebraica: O alfabeto

Seu alfabeto é composto apenas por 22 consoantes, por isso se diz que o hebraico é uma língua consonantal. Não há a distinção entre letras maiúsculas e minúsculas. Existem cinco letras finais (caf, mem, nun, pe, tsade) que mudam suas formas gráficas ao serem usadas no final das palavras. Quanto à leitura, faz-se da direita para a esquerda.

TSADE	PE	NUN	MEM	KAF	Nome da Letra
צ	פ	נ	מ	כ	Letras de início e de meio de palavra
ץ	ף	ן	ם	ך	Letras de final de palavra

2ª Característica da língua hebraica: Os sinais vocálicos

Após a destruição do segundo templo e o exílio dos judeus (70 d.C.), os sábios e estudiosos, temendo a degeneração da língua, criaram o sistema vocálico (vogais). Foi um processo longo e minucioso que se estendeu dos anos 500 a 1.000 d.C. e que se desenvolveu em três sistemas diferentes: o babilônico, o israelense e o tiberíades. Os sinais vocálicos hebraicos, em número de dez, são colocados sobre, sob ou ao lado das consoantes.

3ª Característica da língua hebraica: Os pontos diacríticos

Inventados pelos massoretas, são acentos e outros sinais usados para a leitura do texto bíblico.

4ª Característica da língua hebraica: Sua Morfologia

(1) a raiz é triconsonantal;
(2) o verbo possui duas formas ou estados (completo e incompleto);
(3) o substantivo tem somente dois gêneros (masculino e feminino);
(4) existem sufixos pronominais que são acrescidos a substantivos, preposições, partículas e verbos.

A história:

A língua hebraica tem uma longa história. Durante mais de 3 mil anos, deixou de ser usada como língua falada, mas não como língua escrita. A fonte mais antiga do hebraico clássico é a Bíblia. A língua hebraica é dividida em quatro diferentes corpos lingüísticos: Hebraico Bíblico, Hebraico Medieval, Hebraico Mischináico e Hebraico Moderno.

Pequena cronologia da língua:

Período	
1200 a.C.	Nasce o hebraico. A língua começa a ser falada.
134 a.C.	Revolta de Bar Koba. Os judeus vão para diversos países e lá aprendem outras línguas. Assim, o hebraico passa a ficar restrito à leitura bíblica e a orações. Todo judeu sabe ler e escrever hebraico.
200-600 dC	Começa o estudo da Lei Oral e a produção da literatura talmúdica em Israel e Babilônia, em hebraico e aramaico. São produzidos 1.400 vocábulos extra-bíblicos. Inicia-se o 2º período da história da língua: o Hebraico Medieval. Há o desenvolvimento da linguagem Mischináica (Língua dos Sábios) que incorpora muitas palavras aramaicas.
600-1700 d.C.	Idade Média Judaica. Existem dois modelos lingüísticos: hebraico tradicional (bíblico) e o mischináico. Aqui surgem as escolas de tradução, os estudos gramaticais e desenvolvimento da exegese bíblica. No final do século XVIII, começa o movimento iluminista judaico que desemboca no desejo de ter o hebraico como uma das línguas faladas na atualidade
1890 d.C.	É fundado em Israel o Comitê da Língua Judaica. Presidido por Ben Yehuda, o comitê começa um trabalho de renovação e ampliação da língua, criando novos vocábulos e adotando a pronúncia sefaradita do hebraico. Atualmente, esse comitê foi transformado em Academia. São eles que dão a palavra final com relação à língua hebraica e seu patrimônio lingüístico.

LIÇÃO 1

ALFABETIZAÇÃO

WAW	HE	DALET	GIMEL	BET	ALEF
ו	ה	ד	גּ	בּ	א
ו	ה	ד	ג	ב	א
som de V (V de vaca)	som de H (H de hotel em inglês)	som de D (D de dado)	som de G (G de gato)	som de B (B de bola)	SEM SOM (como h em honesto)
6	5	4	3	2	1

> Em hebraico, a vogal ^ = ◌ַ ou * = ◌ָ

Leia: (da direita para a esquerda)

דָגָה דַג אָבָא הַ הָ דָ דַ נָ גָ בָ אָ אַ

Leia, Copie e Translitere:

$'a$ = אַ

$'\bar{a}$ = אָ

ba = בַּ

$b\bar{a}$ = בָּ

$\bar{g}a$ = גַ

$\bar{g}\bar{a}$ = גָ

Noções Básicas de Hebraico Bíblico

$d\bar{a}$ = דָ
$\underline{d}a$ = דַ
ha = הַ
$h\bar{a}$ = הָ

> Em hebraico, a vogal i = ִ◌ ou $î$ = י◌ִ

Leia:

ה	ד
הִיא	דָוִד

Leia, copie e translitere:

$'i$ = אִ
$'î$ = אִי
$'a$ = אַ
$'\bar{a}$ = אָ
ba = בַ
$b\bar{a}$ = בָ
bi = בִ
$bî$ = בִי
ga = גַ
$g\bar{a}$ = גָ
gi = גִ
$gî$ = גִי
$d\bar{a}$ = דָ

Alfabetização

da = דַּ
$\underline{d}i$ = דִ
$\underline{d}î$ = דִי
$h\bar{a}$ = הָ
ha = הַ
hi = הִ
$hî$ = הִי
wi = וִ
$wî$ = וִי

Vocabulário para ler, copiar e traduzir:

הִיא (= ela)
אַבָּא
דָּוִד
דָּג
דָּגָה

Lição 2

LAMED	KAF	YOD	ṬET	ḤET	ZAYIN
ל	כּ	י	ט	ח	ז
׳	ɔ	׳	6	ח	ƨ
som de L (L de lápis)	som de K (K de kibon)	som de Y (Y de yes)	som de T (T de tatu)	som de h (ch em Ich)	som de Z (Z de zebra)
30	20	10	9	8	7

Leia: (da direita para a esquerda)

לִי לַ לָ כִּי כַּ כָּ יִ יַ יָ טִי טַ טָ חִי חַ תָ זִי זַ זָ

Leia, copie e translitere:

זִי = $zî$
זַ = za
זָ = $zā$
חִי = $ḥî$
חַ = $ḥa$
חָ = $ḥā$
טִי = $ṭî$
טַ = $ṭa$
טָ = $ṭā$
יִ = yi
יַ = ya
יָ = $yā$
כִּי = $kî$

_____ ka = כַּ
_____ $k\bar{a}$ = כָּ
_____ $l\hat{i}$ = לִי
_____ la = לַ
_____ $l\bar{a}$ = לָ

Vocabulário para ler, copiar e traduzir:

_____ חַי
_____ גִּיל
_____ אָח

> Em hebraico, a vogal $\bar{e}$ = ◌ֵ ou e = ◌ֶ

Leia:

זֵ חֵ טֵ כֵּ זֶ טֶ לֶ חֶ לֵ כֶּ יֵ יֶ

Leia, copie e translitere:

_____ $\d{h}\bar{e}$ = חֵ
_____ $z\bar{e}$ = זֵ
_____ $y\bar{e}$ = יֵ
_____ $k\bar{e}$ = כֵּ
_____ $\d{t}\bar{e}$ = טֵ
_____ $\d{h}e$ = חֶ
_____ ze = זֶ
_____ $\d{t}e$ = טֶ
_____ ke = כֶּ
_____ $l\bar{e}$ = לֵ
_____ ye = יֶ
_____ le = לֶ

Alfabetização

Vocabulário para ler, copiar e traduzir:

אֵל
זֶה
חָדֵל
טָלֶה
אַד
לֵאָה

Recordando: (da direita para a esquerda)

א	ב	ג	ד	ה	ו
ז	ח	ט	י	כ	ל

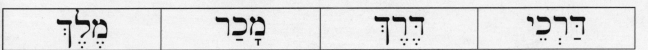

[1]Em hebraico a letra כ tem uma forma diferente quando vem no final de uma palavra. Confira e leia:

מֶלֶךְ	מָכַר	דֶּרֶךְ	דַּרְכִּי

Exercício:

Escreva, numa folha pautada, todas as consoantes acima com cada uma das vogais aprendidas formando sílabas. Aproveite para transliterar cada uma delas.

---

[1]Texto e quadro elaborado pelo Dr. Carlos Osvaldo Pinto, diretor do Seminário Bíblico Palavra da Vida, Atibaia, SP.

Lição 3

AYIN	SAMEK	NUN	MEM
ע	ס	נ	מ
ﻉ	ס	ﻥ	ﻡ
NÃO TEM SOM (pega o som da vogal)	som de S (S de sapo)	som de N (N de nabo)	som de M (M de macaco)
70	60	50	40

Leia: (da direita para a esquerda)

עֻ   עָ   עֶ   סֻ   סֶ   נִי   נֶ   נָ   מֶ   מִ   מֵ

Leia e Copie:

mi = מִ
me = מֶ
mē = מֵ
mā = מָ
ne = נֶ
nā = נָ
si = סִ
se = סֶ
sa = סַ
'e = עֶ
'ā = עָ
'i = עִ

Em hebraico, a vogal ô = וֹ / ō = ◌ֹ / o = ◌ָ

Leia e Copie:

סֻ = sŏ

סֹ = sō

נוֹ = nō

נֹ = nŏ

מוֹ = mô

מֹ = mō

עוֹ = ʽô

Em hebraico, מ e נ têm uma forma diferente quando em final de palavra. Confira e leia:

מ		נ	
מִי	אָדָם	אֲנִי	דָן

Vocabulário para ler, copiar e traduzir:

מִי
אֲנִי
אָדָם
דָן
יוֹם
לֶחֶם

Lição 3

עֵדֶן
סֶלָה

Recordando: (da direita para a esquerda)

ו	ה	ד	ג	ב	א
ל	כ	י	ט	ח	ז
		ע	ס	נ	מ

LIÇÃO 4

RESH	QOF	TSADE	PE
ר	ק	צ	פּ
ר	ק	3	פ
som de R (R de arara)	som de Q (Q de quota)	som de TS (TS de tsé-tsé)	som de P (P de pato)
200	100	90	80

As letras פ e צ também têm uma forma diferente quando em final de palavra. Confira e leia:

פ	פּ
עוֹף	פְּרִי

ץ	צ
עֵץ	צֶלֶם

Leia: (da direita para a esquerda)

פָּ פֶּ צֶ צ רַ ק רִ קוֹ רַ פְּרִי עוֹף עֵץ צֶלֶם

Leia e copie:

$rî$ = רִי
ra = רַ
$qĭ$ = קִ
$ṣe$ = צֶ
pe = פֶּ
$qô$ = קוֹ

$ṣi$ = צִ
pa = פַּ
$pā$ = פָּ

Vocabulário para ler, copiar e traduzir:

עוֹף
עֵץ
צֶלֶם
פְּרִי

> Em hebraico, a vogal u = ◻ֻ ou $û$ = וּ◻

Leia: (da direita para a esquerda)

מוּ טֻ לֻ צוּ חוּ אֻ יֻ רוּ נֻ דוּ סוּ

Leia e copie:

$rû$ = רוּ
yu = יֻ
$ḥu$ = חֻ
$’u$ = אֻ
$hû$ = הוּ
$ṣû$ = צוּ
lu = לֻ
tu = טֻ
mu = מוּ
$sû$ = סוּ
$dû$ = דוּ
nu = נֻ

ת	שׂ	שׁ
ת	e	e
TAV	**SIN**	**SHIN**
Som de T (T de tábua)	Som de S (S de sino)	Som de SH (SH de show)
400	**300**	**300**

Vocabulário para ler, copiar e traduzir:

שָׁלוֹם

תּוֹרָה

שָׁמַיִם

LIÇÃO 5

Em hebraico, existem algumas consoantes que mudam seu som ao receberem um *dagesh* (ponto interior). São elas:

KAF FINAL	KAF	KAF	BEIT	BET
ך	כ	כּ	ב	בּ
ק	כ	כּ	ב	בּ
Som de CH alemão (= rr) como J. S. Bach		Som de K	Som de V	Som de B

PE SOFIT	PE	PÊ
ף	פ	פּ
ף	פ	פּ
Som de P	Som de F	Som de P

Leia: (da direita para a esquerda)

בַּ כַּ פֶּ בֶּ כוּ בָּ פַ כָ בְּ בִי כְ פֶ כְ בֶ פִּ בוּ פוֹ

Leia e copie:

$\bar{p}ô$ = פוֹ
$\underline{b}û$ = בוּ
$\bar{p}î$ = פִי
$\bar{p}\bar{e}$ = פֵּ
ki = כִּ
$\underline{b}\bar{e}$ = בֵ
$k\bar{a}$ = כָּ

בִּי = _b_î
כְּ = ke
פַּ = _p_a
כּוֹ = kô
בֵּ = _b_ē
פֵּ = _p_ē
בּוֹ = _b_ô
כַּ = ka
בָּ = _b_ā

Vocabulário para ler, copiar e traduzir:

ב	ב
אָב	בֵּן

ד	כ	כ
חֹשֶׁךְ	כּוֹכָב	כָּבֵד

ף	פ	פ
עָנָף	מִפְקָד	פּוּר

Leia e copie:

אָב
בֵּן
כָּבֵד
כּוֹכָב
עָנָף
מִפְקָד
פּוּר

Relembrando o alfabeto (da direita para a esquerda)

Lição 5

ד	ג	בּ	בּ	א
Dalet (*d*)	Guimel (*ḡ*)	Beit (*ḇ*)	Bet (*b*)	Alef (')
דָּג	גַּג	אָבִיב	בַּיִת	אַבָּא
peixe	telhado	primavera	casa	pai

ט	ח	ז	ו	ה
Tet (*t*)	Het (*ḥ*)	Zayin (*z*)	Waw (*w*)	He (*h*)
טוֹב	חָלָב	זָהָב	וֶרֶד	הַר
bom	leite	ouro	rosa	monte

ל	ךְ	כ	כּ	י
Lamed (*l*)	Kaf Sofit (*ḵ*)	Kaf (*ḵ*)	Kaf (*k*)	Yod (*y*)
לַיְלָה	מֶלֶךְ	אוֹכֶל	כֵּן	יָד
noite	rei	comida	sim	mão

ס	ן	נ	ם	מ
Samek (*s*)	Nun Sofit	Nun (*n*)	Mem Sofit	Mem (*m*)
סֵפֶר	גַּן	אֲנִי	יוֹם	מַיִם
livro	jardim	eu	dia	águas

צ	ף	פ	פּ	ע
Tsade (*ṣ*)	Pe Sofit	Pe (*p̄*)	Pê (*p*)	Ayin (ʻ)
צַדִּיק	כֶּסֶף	אֵיפֹה	פְּרִי	עֶרֶב
justo	dinheiro	onde?	fruto	tarde

Tav (t)	Sin (ś)	Shin (š)	Resh (r)	Qof (q)	Tsade Sofit
תּ	שׂ	שׁ	ר	ק	ץ
תּוֹרָה	שַׂר	שָׁלוֹם	רוּחַ	קָדוֹשׁ	אֶרֶץ
lei	príncipe	paz	espírito	santo	terra

Relembrando as vogais

Longas:

ā	ē	î	ō	ô	u
ָ	ֵ	ִי	ֹ	וֹ	וּ
Qames	Tsere	Hireq Yod	Holem	Holem Waw	Shureq

Breves:

a	e	i	o	u
ַ	ֶ	ִ	ָ	ֻ
Patah	Segol	Hireq	Qames Hatuf	Qibbus

Até agora você aprendeu todas as vogais cheias (vogais longas e breves), na próxima lição, entretanto, aprenderá as semi-vogais (sheva composto).

Relembrando as letras finais

Nome da Letra	KAF	MEM	NUN	PE	TSADE
Letras de início e de meio de palavra	כ	מ	נ	פ	צ
Letras de final de palavra	ך	ם	ן	ף	ץ

LIÇÃO 6

O SHEWA

O shewa é representado graficamente por dois pontos (:) colocados embaixo da consoante.

Pode ser de dois tipos: simples e composto.

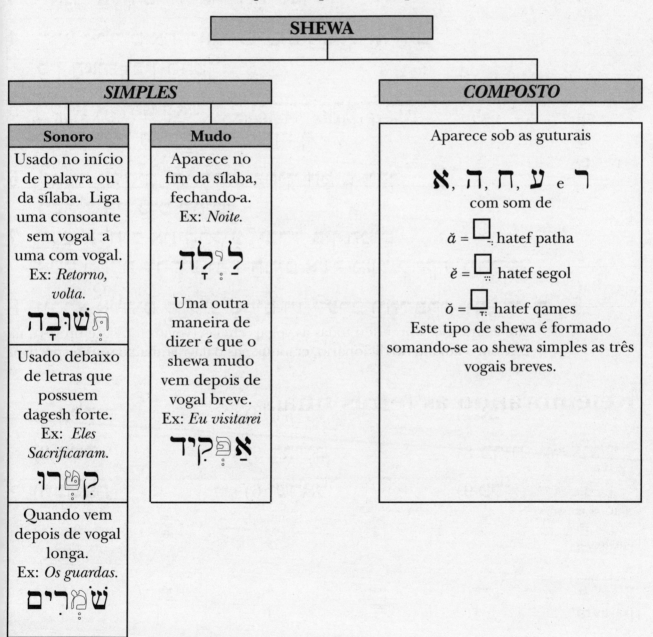

Noções Básicas de Hebraico Bíblico

Exercícios:

1) Identifique no texto de Gênesis 1.1-8 as palavras com shewa e copie-as numa folha explicando as regras usadas.

1 בְּרֵאשִׁית בָּרָא אֱלֹהִים אֵת הַשָּׁמַיִם וְאֵת הָאָרֶץ׃

2 וְהָאָרֶץ הָיְתָה תֹהוּ וָבֹהוּ וְחֹשֶׁךְ עַל־פְּנֵי תְהוֹם וְרוּחַ אֱלֹהִים מְרַחֶפֶת עַל־פְּנֵי הַמָּיִם׃

3 וַיֹּאמֶר אֱלֹהִים יְהִי אוֹר וַיְהִי־אוֹר׃

4 וַיַּרְא אֱלֹהִים אֶת־הָאוֹר כִּי־טוֹב וַיַּבְדֵּל אֱלֹהִים בֵּין הָאוֹר וּבֵין הַחֹשֶׁךְ׃

5 וַיִּקְרָא אֱלֹהִים לָאוֹר יוֹם וְלַחֹשֶׁךְ קָרָא לָיְלָה וַיְהִי־עֶרֶב וַיְהִי־בֹקֶר יוֹם אֶחָד׃ פ

6 וַיֹּאמֶר אֱלֹהִים יְהִי רָקִיעַ בְּתוֹךְ הַמָּיִם וִיהִי מַבְדִּיל בֵּין מַיִם לָמָיִם׃

7 וַיַּעַשׂ אֱלֹהִים אֶת־הָרָקִיעַ וַיַּבְדֵּל בֵּין הַמַּיִם אֲשֶׁר מִתַּחַת לָרָקִיעַ וּבֵין הַמַּיִם אֲשֶׁר מֵעַל לָרָקִיעַ וַיְהִי־כֵן׃

8 וַיִּקְרָא אֱלֹהִים לָרָקִיעַ שָׁמָיִם וַיְהִי־עֶרֶב וַיְהִי־בֹקֶר יוֹם שֵׁנִי׃ פ

2) Com o auxílio do dicionário, coloque nas palavras abaixo seus respectivos shevas.

1) אלהים   4) יהוה   7) אני

2) אשר   5) מבדים   8) ברית

3) משפט   6) ישראל   9) כלי

LIÇÃO 7

O DAGESH

O dagesh é um ponto (•) colocado dentro de algumas consoantes.

Ele pode ser de dois tipos:

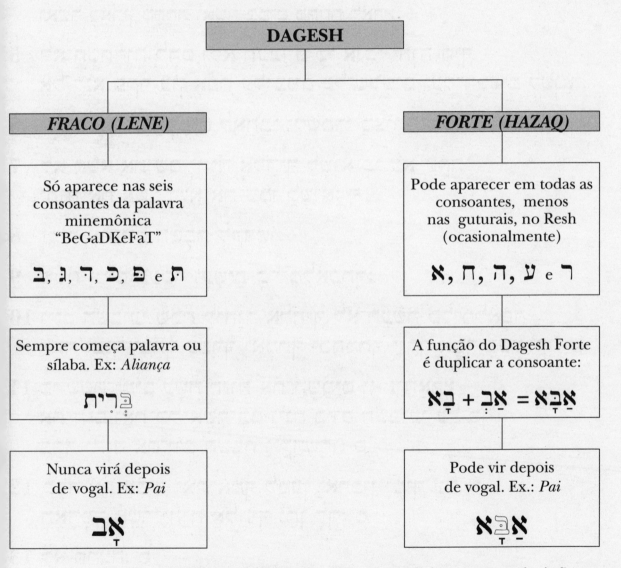

1- Em consoantes "Begadkefat", precedidas por vogais (não por um shewa) indica a reduplicação da letra e é um dagesh forte.

2- Em todas as consoantes que não são "Begadkefat" é um dagesh forte

Exercícios:

1) Identifique no texto de Êxodo 20.1-17 abaixo as palavras com shewa e dagesh, copie-as numa folha, classifique-as e traduza.

1 וַיְדַבֵּר אֱלֹהִים אֵת כָּל־הַדְּבָרִים הָאֵלֶּה לֵאמֹר: ס

2 אָנֹכִי יְהוָה אֱלֹהֶיךָ אֲשֶׁר הוֹצֵאתִיךָ מֵאֶרֶץ מִצְרַיִם מִבֵּית עֲבָדִים:

3 לֹא יִהְיֶה־לְךָ אֱלֹהִים אֲחֵרִים עַל־פָּנָי:

4 לֹא תַעֲשֶׂה־לְךָ פֶסֶל וְכָל־תְּמוּנָה אֲשֶׁר בַּשָּׁמַיִם מִמַּעַל וַאֲשֶׁר בָּאָרֶץ מִתַּחַת וַאֲשֶׁר בַּמַּיִם מִתַּחַת לָאָרֶץ:

5 לֹא־תִשְׁתַּחֲוֶה לָהֶם וְלֹא תָעָבְדֵם כִּי אָנֹכִי יְהוָה אֱלֹהֶיךָ אֵל קַנָּא פֹּקֵד עֲוֹן אָבֹת עַל־בָּנִים עַל־שִׁלֵּשִׁים וְעַל־רִבֵּעִים לְשֹׂנְאָי:

6 וְעֹשֶׂה חֶסֶד לַאֲלָפִים לְאֹהֲבַי וּלְשֹׁמְרֵי מִצְוֹתָי: ס

7 לֹא תִשָּׂא אֶת־שֵׁם־יְהוָה אֱלֹהֶיךָ לַשָּׁוְא כִּי לֹא יְנַקֶּה יְהוָה אֵת אֲשֶׁר־יִשָּׂא אֶת־שְׁמוֹ לַשָּׁוְא: פ

8 זָכוֹר אֶת־יוֹם הַשַּׁבָּת לְקַדְּשׁוֹ:

9 שֵׁשֶׁת יָמִים תַּעֲבֹד וְעָשִׂיתָ כָּל־מְלַאכְתֶּךָ:

10 וְיוֹם הַשְּׁבִיעִי שַׁבָּת לַיהוָה אֱלֹהֶיךָ לֹא־תַעֲשֶׂה כָל־מְלָאכָה אַתָּה וּבִנְךָ־וּבִתֶּךָ עַבְדְּךָ וַאֲמָתְךָ וּבְהֶמְתֶּךָ וְגֵרְךָ אֲשֶׁר בִּשְׁעָרֶיךָ:

11 כִּי שֵׁשֶׁת־יָמִים עָשָׂה יְהוָה אֶת־הַשָּׁמַיִם וְאֶת־הָאָרֶץ אֶת־הַיָּם וְאֶת־כָּל־אֲשֶׁר־בָּם וַיָּנַח בַּיּוֹם הַשְּׁבִיעִי עַל־כֵּן בֵּרַךְ יְהוָה אֶת־יוֹם הַשַּׁבָּת וַיְקַדְּשֵׁהוּ: ס

12 כַּבֵּד אֶת־אָבִיךָ וְאֶת־אִמֶּךָ לְמַעַן יַאֲרִכוּן יָמֶיךָ עַל הָאֲדָמָה אֲשֶׁר־יְהוָה אֱלֹהֶיךָ נֹתֵן לָךְ: ס

13 לֹא תִרְצָח: ס

14 לֹא תִנְאָף: ס

15 לֹא תִגְנֹב: ס

Lição 7

16 לֹא־תַעֲנֶה בְרֵעֲךָ עֵד שָׁקֶר: ס
17 לֹא תַחְמֹד בֵּית רֵעֶךָ לֹא־תַחְמֹד אֵשֶׁת רֵעֶךָ וְעַבְדּוֹ וַאֲמָתוֹ וְשׁוֹרוֹ וַחֲמֹרוֹ וְכֹל אֲשֶׁר לְרֵעֶךָ:

2) Colocar Dagesh lene nas consoantes do Begadkefat, onde for necessário.

1) תַב   2) לֵב   3) דָוִד
4) כֵּן   5) יָפֶה   6) אָדָם

3) Analise as palavras abaixo dizendo se é dagesh lene ou forte

1) אַבָּא   2) מִשְׁפָּט   3) כֹּחַ
4) דָּבָר   5) כָּבוֹד   6) גִּבּוֹר
7) אִשָּׁה   8) כִּסֵּא

35

LIÇÃO 8

O WAW CONJUNTIVO

O waw conjuntivo (וֹ), no seu equivalente em português, é a conjunção aditiva "e". Geralmente aparece nas formas abaixo:

וְ	וּ	וָ	וִ	וַ	וֶ	וָ
Waw conjuntivo na sua forma comum.	Usado antes de ב, מ e פ	Usado para ligar uma palavra monossilábica a elementos anteriores na mesma frase e também para ligar palavras cuja primeira sílaba seja tônica a elementos anteriores na frase.	Usado quando uma palavra começa com י Lembre-se, o shewa debaixo do *yod* cai.	Usado quando, depois dele, vem uma palavra que começa com shewa composto, o waw "pegará" a vogal breve da classe correspondente à do shewa composto.		
Exemplo: אִישׁ וְאִשָּׁה *Homem e mulher*	Exemplo: אֵם וּבֵן *Mãe e filho*	Exemplo: רֶגֶל וָיָד *Pé e mão*	Exemplo: וִיהוּדָה *e Judá*	וַ = *a* וֶ = *e* וָ = *o*		
	Usado quando a palavra começar com shewa simples e sonoro. Exemplo: וּדְבָרִים *e palavras*					

Exercícios

Identifique o waw no texto de Provérbios 10.1-15 e, se possível, explique as regras.

1 מִשְׁלֵי שְׁלֹמֹה בֵּן חָכָם יְשַׂמַּח־אָב וּבֵן כְּסִיל תּוּגַת אִמּוֹ׃

2 לֹא־יוֹעִילוּ אוֹצְרוֹת רֶשַׁע וּצְדָקָה תַּצִּיל מִמָּוֶת׃

3 לֹא־יַרְעִיב יְהוָה נֶפֶשׁ צַדִּיק וְהַוַּת רְשָׁעִים יֶהְדֹּף׃

4 רָאשׁ עֹשֶׂה כַף־רְמִיָּה וְיַד חָרוּצִים תַּעֲשִׁיר׃

5 אֹגֵר בַּקַּיִץ בֵּן מַשְׂכִּיל נִרְדָּם בַּקָּצִיר בֵּן מֵבִישׁ׃

6 בְּרָכוֹת לְרֹאשׁ צַדִּיק וּפִי רְשָׁעִים יְכַסֶּה חָמָס׃

7 זֵכֶר צַדִּיק לִבְרָכָה וְשֵׁם רְשָׁעִים יִרְקָב׃

8 חֲכַם־לֵב יִקַּח מִצְוֹת וֶאֱוִיל שְׂפָתַיִם יִלָּבֵט׃

9 הוֹלֵךְ בַּתֹּם יֵלֶךְ בֶּטַח וּמְעַקֵּשׁ דְּרָכָיו יִוָּדֵעַ׃

10 קֹרֵץ עַיִן יִתֵּן עַצָּבֶת וֶאֱוִיל שְׂפָתַיִם יִלָּבֵט׃

11 מְקוֹר חַיִּים פִּי צַדִּיק וּפִי רְשָׁעִים יְכַסֶּה חָמָס׃

12 שִׂנְאָה תְּעוֹרֵר מְדָנִים וְעַל כָּל־פְּשָׁעִים תְּכַסֶּה אַהֲבָה׃

13 בְּשִׂפְתֵי נָבוֹן תִּמָּצֵא חָכְמָה וְשֵׁבֶט לְגֵו חֲסַר־לֵב׃

14 חֲכָמִים יִצְפְּנוּ־דָעַת וּפִי־אֱוִיל מְחִתָּה קְרֹבָה׃

15 הוֹן עָשִׁיר קִרְיַת עֻזּוֹ מְחִתַּת דַּלִּים רֵישָׁם׃

LIÇÃO 9

O ARTIGO

O artigo definido hebraico é representado pela letra ה e pelo dagesh na primeira consoante: הַ(.). Sua tradução varia com o contexto, podendo ser "o, a, os, as".

A língua hebraica não possui o artigo indefinido.

הַ(.)	הַ	הָ	הֶ
Forma comum do artigo.	Usado antes de מְ e יְ, חָ, ה	Usado antes de א, ר e ע e dos tônicos² הָ e עָ	Usado antes de חָ e הָ e dos átonos³ הָ e עָ
Exemplo: הַמַּיִם As águas	Exemplo: הַיְאֹר O rio הַחֶרֶב A espada O templo הַהֵיכָל	Exemplo: הָאָרֶץ A terra	Exemplo: הֶחָכָם O sábio

Exercícios

1) Idenfique no texto de Cânticos dos Cânticos 7.11-14 os artigos e, se possível, traduza a palavra.

11 אֲנִי לְדוֹדִי וְעָלַי תְּשׁוּקָתוֹ: ס

12 לְכָה דוֹדִי נֵצֵא הַשָּׂדֶה נָלִינָה בַּכְּפָרִים:

---

²**Tônico**: (gram.) predominante (acento ou sílaba).
³**Átono**: adj. (med.) que tem tonia; débil, fraco; (gram.) sem acento tônico; não acentuado; que quase não soa.

13 נַשְׁכִּימָה לַכְּרָמִים נִרְאֶה אִם פָּרְחָה הַגֶּפֶן פִּתַּח
הַסְּמָדַר הֵנֵצוּ הָרִמּוֹנִים שָׁם אֶתֵּן אֶת־דֹּדַי לָךְ:

14 הַדּוּדָאִים נָתְנוּ־רֵיחַ וְעַל־פְּתָחֵינוּ כָּל־מְגָדִים חֲדָשִׁים
גַּם־יְשָׁנִים דּוֹדִי צָפַנְתִּי לָךְ

2) Prefixe o artigo definido as palavras abaixo:

שָׁמַיִם_____   מַיִם_____   אָדוֹן_____   חֶרֶב_____

אֶרֶץ_____   יוֹם_____   עָנָן_____   חָכָם_____

LIÇÃO 10

AS PREPOSIÇÕES

As preposições hebraicas são de dois tipos: inseparáveis e separáveis.

I. Preposições Inseparáveis ou Prefixadas

São aquelas que vem sempre conectadas à palavra (prefixadas).
Geralmente são três as preposições inseparáveis:

בְּ	כְּ	לְ
Com, por, em	Como, conforme	Para, a

Regras Gerais:

בְּ כְּ לְ	בְּ כְּ לְ	בָּ כָּ לָ	בַּ a / בֵּ e / בֹּ o
Forma comum.	Usadas antes de consoantes com shewa simples e sonoro.	Utilizadas antes de sílabas tônicas.	Utilizadas antes de shewa composto. Aqui a preposição "pega" a vogal breve da classe correspondente à do halef.
Exemplo: בְּרֵאשִׁית *No princípio*	Exemplo: כִּדְמוּת *Conforme a imagem*	Exemplo: לָמַיִם *Para águas*	בַּאֲדָמָה בֶּאֱנוֹשׁ בָּחֳלִי

II. Preposições Prefixadas a um Substantivo com Artigo

Quando uma preposição for prefixada a um substantivo com artigo, o ה cai e a preposição recebe a vogal do artigo.

Exemplo: Na (em + a) casa = בַּבַּיִת

41

Compare:	לְמַיִם	para águas
a	לַמַיִם	para as águas

III. Preposições Separáveis

São aquelas que vem no meio da frase, sem estarem prefixadas às palavras.

בֵּין (entre)	מִן (de, da parte de)
עַד (até)	לִפְנֵי (diante de)
אֶל (para)	עַל (sobre)
אֵת ou עִם (com)	אַחַר (atrás)

IV. Preposição מִן

A preposição pode ser traduzida por *de* ou *a partir de*. Suas principais regras são:

מִן־	מִ (·)	מֵ
Usado antes de substantivos com artigo e com palavra ligada por maqqef.	Usado antes de substantivos indefinidos cuja consoante inicial **não** é uma gutural.	Usado antes de substantivos indefinidos cuja consoante inicial **é** uma gutural.
Exemplo: מִן־הַבַּיִת *Da casa*	Exemplo: מִבַּיִת *De uma casa*	Exemplo: מֵאִישׁ *De um homem*
Utilizado para expressar um comparativo. Exemplo: טוֹב הָאוֹר מִן־הַחֹשֶׁךְ *Melhor é a luz que a escuridão*		

Exercícios

1) Identifique as preposições dos textos abaixo e as traduza.

Levítico 22.1-3

1 וַיְדַבֵּר יְהוָה אֶל־מֹשֶׁה לֵּאמֹר:

2 דַּבֵּר אֶל־אַהֲרֹן וְאֶל־בָּנָיו וְיִנָּזְרוּ מִקָּדְשֵׁי בְנֵי־יִשְׂרָאֵל וְלֹא יְחַלְּלוּ אֶת־שֵׁם קָדְשִׁי אֲשֶׁר הֵם מַקְדִּשִׁים לִי אֲנִי יְהוָה:

3 אֱמֹר אֲלֵהֶם לְדֹרֹתֵיכֶם כָּל־אִישׁ אֲשֶׁר־יִקְרַב מִכָּל־זַרְעֲכֶם אֶל־הַקֳּדָשִׁים אֲשֶׁר יַקְדִּישׁוּ בְנֵי־יִשְׂרָאֵל לַיהוָה וְטֻמְאָתוֹ עָלָיו וְנִכְרְתָה הַנֶּפֶשׁ הַהִוא מִלְּפָנַי אֲנִי יְהוָה:

Salmos 2.1-2

1 לָמָּה רָגְשׁוּ גוֹיִם וּלְאֻמִּים יֶהְגּוּ־רִיק:

2 יִתְיַצְּבוּ מַלְכֵי־אֶרֶץ וְרוֹזְנִים נוֹסְדוּ־יָחַד עַל־יְהוָה וְעַל־מְשִׁיחוֹ:

Salmos 3.1-4

1 מִזְמוֹר לְדָוִד בְּבָרְחוֹ מִפְּנֵי אַבְשָׁלוֹם בְּנוֹ:

2 יְהוָה מָה־רַבּוּ צָרָי רַבִּים קָמִים עָלָי:

3 רַבִּים אֹמְרִים לְנַפְשִׁי אֵין יְשׁוּעָתָה לּוֹ בֵאלֹהִים סֶלָה:

4 וְאַתָּה יְהוָה מָגֵן בַּעֲדִי כְּבוֹדִי וּמֵרִים רֹאשִׁי:

2) Escrevas as palavras em hebraico:

casa, a casa, na casa

terra, a terra, para terra

rei, o rei, com o rei

livro, o livro, com o livro

pai, o pai, conforme o pai

sangue, o sangue, no sangue

dia, o dia, conforme o dia

3) Prefixe a preposição מִן às seguintes palavras:

הַבַּיִת	אִשָּׁה	בֵּן
הָר	הַיָּד	הַבֵּן

LIÇÃO 11

OS PRONOMES

1. Os Pronomes Pessoais

O hebraico tem pronomes pessoais masculinos e femininos, singular e plural:

FEMININO	MASCULINO
אֲנִי ou אָנֹכִי (eu)	
אַתְּ (tu)	אַתָּה (tu)
הִיא (ela)	הוּא (ele)
אֲנַחְנוּ (nós)	
אַתֵּן ou אַתֵּנָה (vós)	אַתֶּם (vós)
הֵן ou הֵנָּה (elas)	הֵם ou הֵמָּה (eles)

2. Os Pronomes Interrogativos

מַה־	מִי	אֵיפֹה
O que?, Que?, Qual?	Quem?	Onde?
Exemplo:	Exemplo:	Exemplo:
מַה־זֶה ?	מִי הִיא ?	אֵיפֹה מֹשֶׁה ?
O que é isto?	*Quem é ela?*	*Onde está Moisés?*

NR.: O verbo de ligação (ser, estar) é desnecessário no hebraico

3. Os Pronomes Demonstrativos

אֵלֶּה	זֶה	זֹאת
Estes, estas, aquele(s), aquela(s)	Este	Esta

Quanto à função, podem ser:

ATRIBUTIVO	*PREDICATIVO*
• Vem **DEPOIS** do substantivo. • Neste caso, quando o substantivo tiver artigo, o pronome também o tem.	• Vem **ANTES** do substantivo. • Neste caso, o pronome demonstrativo não pode ter artigo.
Exemplo: הָאָרֶץ הַזֹּאת *Esta terra*	Exemplo: זֶה הַיּוֹם *Este é o dia*

4. Os Pronomes Relativos

אֲשֶׁר	שֶׁ
Usa-se separado da palavra	Usa-se prefixado à palavra
o qual, a qual, os quais, as quais, que	o qual, a qual, os quais, as quais, que

Exercícios

Assinale e classifique os pronomes e traduza as frases abaixo.

Tradução da Frase	Classificação do Pronome	
		הוּא אָב
		אַתָּה מֶלֶךְ
		זֶה יִשְׂרָאֵל
		הִיא אֵם

Lição 11

		אֲנִי מֹשֶׁה
		זֹאת הָאָרֶץ
		אַתְּ אֵם
		מִי אַתְּ
		מִי אַתָּה
		הֵם תַּלְמִידִים
		זֶה עַם
		הֵן נָשִׁים
		אַתְּ שָׂרָה
		הִיא רוּת
		זֹאת הַבְּרָכָה
		אֲנִי יהוה
		הוּא לֵת
		אֵיפֹה דָוִד
		הֵם אָבוֹת
		מַה־זֶּה
		הִיא אִשָּׁה
		הוּא אָדָם
		אֵיפֹה לֵוִי
		הוּא יַעֲקֹב

LIÇÃO 12

OS ADJETIVOS

Existem poucos adjetivos em hebraico. Sempre concordam em gênero e número com o substantivo que qualificam.

MASC. SINGULAR	MASC. PLURAL	FEM. SINGULAR	FEM. PLURAL
טוֹב	טוֹבִים	טוֹבָה	טוֹבוֹת
(bom)	*(bons)*	*(boa)*	*(boas)*
é a palavra na sua raiz, sem sufixos.	caracteriza-se pela terminação im	caracteriza-se pela terminação ah	caracteriza-se pela terminação ot

I. Quanto à função

Servindo para descrever ou limitar um substantivo, o adjetivo pode ser:

ATRIBUTIVO	*PREDICATIVO*
• Vem **DEPOIS** do substantivo. • É qualificativo (adjunto adnominal). • **SEMPRE** que o substantivo tiver artigo, o adjetivo também terá.	• Vem **ANTES** do substantivo. • É completivo (nosso predicativo). • O adjetivo **NUNCA** levará artigo, nem quando o substantivo tiver.
Exemplo: עַם טוֹב (um bom povo) Exemplo: הָעָם הַטּוֹב (o bom povo)	Exemplo: טוֹב עַם (um povo é bom) Exemplo: טוֹב הָעָם (o povo é bom)

II. Os adjetivos masculinos mais comuns

grande, longo = גָּדוֹל		santo = קָדוֹשׁ	
velho (só para pessoas) = זָקֵן		pequeno = קָטֹן	
novo = חָדָשׁ		perto = קָרוֹב	
forte = חָזָק		difícil, duro = קָשֶׁה	
inteligente, sábio = חָכָם		muito grande = רַב	
bom = טוֹב		distante, longe = רָחוֹק	
bonito = יָפֶה		alto = רָם	
honesto, justo, certo, direito = יָשָׁר		mal = רַע	
amargo = מַר		primeiro, chefe, anterior = רִאשׁוֹן	
forte, poderoso = עָצוּם		vazio, vão =	
forte = עַז		mau, perverso, culpado = רָשָׁע	
		completo, perfeito = תָּמִיד	

Exercícios

1) Identifique e traduza os adjetivos das frases abaixo.

(Gênesis 1.16) וַיַּעַשׂ אֱלֹהִים אֶת־שְׁנֵי הַמְּאֹרֹת הַגְּדֹלִים אֶת־הַמָּאוֹר הַגָּדֹל לְמֶמְשֶׁלֶת הַיּוֹם וְאֶת־הַמָּאוֹר הַקָּטֹן לְמֶמְשֶׁלֶת הַלַּיְלָה וְאֵת הַכּוֹכָבִים:

(Gênesis 1.10) וַיִּקְרָא אֱלֹהִים לַיַּבָּשָׁה אֶרֶץ וּלְמִקְוֵה הַמַּיִם קָרָא יַמִּים וַיַּרְא אֱלֹהִים כִּי־טוֹב:

(Salmo 90.12) לִמְנוֹת יָמֵינוּ כֵּן הוֹדַע וְנָבִא לְבַב חָכְמָה:

(Salmo 107.43) מִי־חָכָם וְיִשְׁמָר־אֵלֶּה וְיִתְבּוֹנְנוּ חַסְדֵי יְהוָה:

(Provérbios 11.21) יָד לְיָד לֹא־יִנָּקֶה רָּע וְזֶרַע צַדִּיקִים נִמְלָט:

(Provérbios 24.5) גֶּבֶר־חָכָם בַּעוֹז וְאִישׁ־דַּעַת מְאַמֶּץ־כֹּחַ:

וַיָּצָא חֹטֶר מִגֵּזַע יִשָׁי וְנֵצֶר מִשָּׁרָשָׁיו יִפְרֶה: (Isaías 11.1)

וְנָחָה עָלָיו רוּחַ יְהוָה רוּחַ חָכְמָה וּבִינָה רוּחַ עֵצָה וּגְבוּרָה רוּחַ דַּעַת וְיִרְאַת יְהוָה: (Isaías 11.2)

וַיֹּאמֶר אֲלֵהֶם הוּא אֲשֶׁר דִּבֶּר יְהוָה שַׁבָּתוֹן שַׁבַּת־קֹדֶשׁ לַיהוָה מָחָר אֵת אֲשֶׁר־תֹּאפוּ אֵפוּ וְאֵת אֲשֶׁר־תְּבַשְּׁלוּ בַּשֵּׁלוּ וְאֵת כָּל־הָעֹדֵף הַנִּיחוּ לָכֶם לְמִשְׁמֶרֶת עַד־הַבֹּקֶר: (Êxodo 16.23)

2) Preencha com a forma correta dos adjetivos[4]

מֶלֶךְ _____ (גָּדוֹל)	מַלְכָּה _____ (טוֹב)
בֵּן _____ (חָכָם)	עַם _____ (רַב)
סוּסִים _____ (גָּדוֹל)	דַּל _____ (דַּל)
קָדוֹשׁ _____ (קָדוֹשׁ)	

3) Indique se o adjetivo é atributivo ou predicativo:

אֶרֶץ רְחוֹקָה (2 Cr 3.36)

_____

קָרוֹב הַיּוֹם (Ez 7.7)

_____

כִּי־קָדוֹשׁ הַיּוֹם (Ne 8.10)

_____

בְּרִית חֲדָשָׁה (Jr 31.31)

_____

[4] Adjetivos sofrem certas modificações de vocalização que já estão incluídas nas formas a completar. A forma entre parênteses é a forma léxica (do dicionário).

LIÇÃO 13

OS SUBSTANTIVOS

Em hebraico, os substantivos são classificados por gênero (masculino e feminino) e por número (singular, plural e dual). Observe melhor no quadro abaixo:

SUBSTANTIVO			
SINGULAR		**PLURAL**	
Masculino	*Feminino*	*Masculino*	*Feminino*
סוּס *(cavalo)*	סוּסָה *(égua)*	סוּסִים *(cavalos)*	סוּסוֹת *(éguas)*
é a palavra na sua raiz, sem sufixos.	caracteriza-se pela terminação *â*	caracteriza-se pela terminação *îm*	caracteriza-se pela terminação *ôt*

O DUAL

Na língua hebraica, existe também o substantivo dual. Dual é aquilo que aparece aos pares na natureza (ex. pés, mãos, olhos, etc).

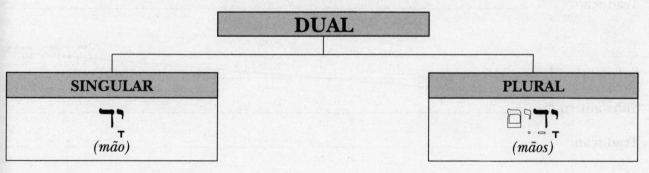

Exercícios

Classifique os substantivos das frases abaixo e traduza a frase.

אָדָם וַאֲדָמָה

Substantivo 1: _____
Substantivo 2: _____
Tradução: _____

שָׁמַיִם וָאָרֶץ

Substantivo 1: _____
Substantivo 2: _____
Tradução: _____

לֵוִי וִיהוּדָה

Substantivo 1: _____
Substantivo 2: _____
Tradução: _____

בֵּן וּבַיִת

Substantivo 1: _____
Substantivo 2: _____
Tradução: _____

יוֹם וְחֹשֶׁךְ

Substantivo 1: _____
Substantivo 2: _____
Tradução: _____

מוֹעֲדִים וְלֵילִים וְשָׁנִים

Substantivo 1: _____
Substantivo 2: _____
Tradução: _____

Lição 13

בֹּקֶר וְעֶרֶב

Substantivo 1: _____
Substantivo 2: _____
Tradução: _____

יוֹם וְלַיְלָה

Substantivo 1: _____
Substantivo 2: _____
Tradução: _____

חָכְמָה וּמוּסָר

Substantivo 1: _____
Substantivo 2: _____
Tradução: _____

LIÇÃO 14

O CONSTRUTO

Em hebraico, quando queremos denotar posse, fazemos uso do construto (relação genitiva). Assim, para dizer *cavalo de Davi* usamos, para expressar o *de,* uma terminação diferente no substantivo possuído. O hebraico bíblico não utiliza *de* (indicando posse), apenas coloca lado a lado os dois substantivos, modificando a terminação do substantivo possuído. Lembre-se: no estado construto, o substantivo nunca tem artigo.

	Masc. Singular	Masc. Plural	Fem. Singular	Fem. Plural
Estado Absoluto	סוּס *(cavalo)*	סוּסִים *(cavalos)*	סוּסָה *(égua)*	סוּסוֹת *(éguas)*

Estado Construto	סוּס *(cavalo de)*	סוּסֵי *(cavalos de)*	סוּסַת *(égua de)*	סוּסוֹת *(éguas de)*
	mesma terminação do substantivo absoluto	troca-se a terminação *im* por *ei*	troca-se a terminação *ah* por *at*	mesma terminação do substantivo absoluto

O construto do substantivo dual tem terminação igual a do construto do substantivo masculino plural.

Construtos que sofrem outros tipos de alterações vocálicas: algumas palavras hebraicas sofrem alterações vocálicas diferentes das expostas acima quando no estado construto. Por isso, a melhor forma de saber o construto da palavra é conferir no dicionário. Vejamos alguns exemplos:

1º exemplo: Casa do rei.

Aqui, a palavra בַּיִת *(casa)* sofre uma alteração vocálica.

בֵּית הַמֶּלֶךְ *Casa do Rei*	הַמֶּלֶךְ *o rei*	בֵּית *Casa*

2º exemplo: Filhos de Israel.

Aqui, a palavra בָּנִים (*filhos*) sofre uma alteração vocálica.

בְּנֵי יִשְׂרָאֵל	יִשְׂרָאֵל	בָּנִים
Filhos de Israel	Israel	Filhos

3º exemplo: Filhas do rei.

Aqui, a palavra בָּנוֹת (*filhas*) sofre uma alteração vocálica.

בְּנוֹת הַמֶּלֶךְ	הַמֶּלֶךְ	בָּנוֹת
Filhas do rei	o rei	Filhas

Exercícios

1) Idenfique os contrutos das frases e traduza-os.

Josué 24.29

וַיְהִי אַחֲרֵי הַדְּבָרִים הָאֵלֶּה וַיָּמָת יְהוֹשֻׁעַ
בִּן־נוּן עֶבֶד יְהוָה בֶּן־מֵאָה וָעֶשֶׂר שָׁנִים׃

1 Reis 9.1

וַיְהִי כְּכַלּוֹת שְׁלֹמֹה לִבְנוֹת אֶת־בֵּית־יְהוָה
וְאֶת־בֵּית הַמֶּלֶךְ וְאֵת כָּל־חֵשֶׁק שְׁלֹמֹה אֲשֶׁר חָפֵץ לַעֲשׂוֹת׃

Jeremias 43.6

אֶת־הַגְּבָרִים וְאֶת־הַנָּשִׁים וְאֶת־הַטַּף וְאֶת־בְּנוֹת הַמֶּלֶךְ וְאֵת
כָּל־הַנֶּפֶשׁ אֲשֶׁר הִנִּיחַ נְבוּזַרְאֲדָן רַב־טַבָּחִים אֶת־גְּדַלְיָהוּ
בֶן־אֲחִיקָם בֶּן־שָׁפָן וְאֵת יִרְמְיָהוּ הַנָּבִיא וְאֶת־בָּרוּךְ בֶּן־נֵרִיָּהוּ׃
וַיָּבֹאוּ בְּנֵי יִשְׂרָאֵל לִשְׁבֹּר בְּתוֹךְ הַבָּאִים כִּי־הָיָה הָרָעָב בְּאֶרֶץ כְּנָעַן׃

Lição 14

2) Complete a tabela abaixo de substantivos e adjetivos correspondentes:

Subs. Fem. Plu.	Subs. Masc. Plu.	Subs. Fem. Sing	Subs. Masc. Sing.
			סוּס
		תַּלְמִידָה	
	טוֹבִים		
			גָּדוֹל

[5]

3) Escreva em hebraico

a) rei, o rei, os reis

b) livro, o livro, os livros, nos livros

c) homem, o homem, os homens

d) pai, o pai, os pais

[5] Verifique formas na p. 51

LIÇÃO 15

OS SUFIXOS PRONOMINAIS

Os sufixos pronominais hebraicos são abreviações dos pronomes pessoais. Podem ser fixados a preposições, partículas, substantivos e verbos. São construídos a partir da fórmula **Construto + Final dos Pronomes**. Ou seja, soma-se ao construto um sufixo pronominal.

1. SUFIXO PRONOMINAL COM PALAVRA MASCULINA

É construído com Contruto + Final dos Pronomes

SINGULAR			PLURAL		
Subs.Sufixado	Pronome	Construto	Subs.Sufixado	Pronome	Construto
סוּסִי (meu cavalo)	אֲנִי (eu)	סוּס (cavalo de)	סוּסַי (meus cavalos)	אֲנִי (eu)	סוּסֵי (cavalos de)
סוּסְךָ (teu cavalo - masc.)	אַתָּה[6] (tu – masc.)	סוּס (cavalo de)	סוּסֶיךָ (teu cavalos - masc.)	אַתָּה (tu – masc.)	סוּסֵי (cavalos de)
סוּסֵךְ (teu cavalo - fem.)	אַתְּ (tu – fem.)	סוּס (cavalo de)	סוּסַיִךְ (teu cavalos-fem.)	אַתְּ (tu – fem.)	סוּסֵי (cavalos de)
סוּסוֹ (cavalo dele)	הוּא (ele)	סוּס (cavalo de)	סוּסָיו (cavalos dele)	הוּא (ele)	סוּסֵי (cavalos de)
סוּסָהּ (cavalo dela)	הִיא (ela)	סוּס (cavalo de)	סוּסֶיהָ (cavalos dela)	הִיא (ela)	סוּסֵי (cavalos de)
סוּסֵנוּ (nosso cavalo)	אֲנַחְנוּ (nós)	סוּס (cavalo de)	סוּסֵינוּ (nossos cavalos)	אֲנַחְנוּ (nós)	סוּסֵי (cavalos de)
סוּסְכֶם (vosso cavalo – m.)	אַתֶּם (vós – masc.)	סוּס (cavalo de)	סוּסֵיכֶם (vossos cavalos –m.)	אַתֶּם (vós – masc.)	סוּסֵי (cavalos de)
סוּסְכֶן (vosso cavalo – f.)	אַתֶּן (vós – fem.)	סוּס (cavalo de)	סוּסֵיכֶן (vossos cavalos-fem)	אַתֶּן (vós – fem.)	סוּסֵי (cavalos de)
סוּסָם (cavalo deles)	הֵם (eles – masc.)	סוּס (cavalo de)	סוּסֵיהֶם (cavalos deles)	הֵם (eles – masc.)	סוּסֵי (cavalos de)
סוּסָן (cavalo delas)	הֵן (elas – fem.)	סוּס (cavalo de)	סוּסֵיהֶן (cavalos delas)	הֵן (elas – fem.)	סוּסֵי (cavalos de)

[6] Os pronomes da segunda pessoa do singular e plural, feminino e masculino, trocam o *tav* do pronome pelo *caf* ou *caf final* ao serem sufixados.

2. O SUFIXO PRONOMINAL COM PALAVRA FEMININA

É construído com **Contruto + Final dos Pronomes**.

SINGULAR			PLURAL		
Subs.Sufixado	Pronome	Construto	Subs.Sufixado	Pronome	Construto
תּוֹרָתִי (minha lei)	אֲנִי (eu)	תּוֹרַת (lei de)	תּוֹרוֹתַי (minhas leis)	אֲנִי (eu)	תּוֹרוֹת (leis de)
תּוֹרָתְךָ (tua lei – masc.)	אַתָּה (tu – masc.)	תּוֹרַת (lei de)	תּוֹרוֹתֶיךָ (tuas leis – masc.)	אַתָּה (tu – masc.)	תּוֹרוֹת (leis de)
תּוֹרָתֵךְ (tua lei – fem.)	אַתְּ (tu – fem.)	תּוֹרַת (lei de)	תּוֹרוֹתַיִךְ (tuas leis – fem.)	אַתְּ (tu – fem.)	תּוֹרוֹת (leis de)
תּוֹרָתוֹ (lei dele – masc.)	הוּא (ele)	תּוֹרַת (lei de)	תּוֹרוֹתָיו (leis dele – masc.)	הוּא (ele)	תּוֹרוֹת (leis de)
תּוֹרָתָהּ (lei dela – fem.)	הִיא (ela)	תּוֹרַת (lei de)	תּוֹרוֹתֶיהָ (leis dela – fem.)	הִיא (ela)	תּוֹרוֹת (leis de)
תּוֹרָתֵנוּ (nossa lei)	אֲנַחְנוּ (nós)	תּוֹרַת (lei de)	תּוֹרוֹתֵינוּ (nossas leis)	אֲנַחְנוּ (nós)	תּוֹרוֹת (leis de)
תּוֹרַתְכֶם (vossa lei – masc.)	אַתֶּם (vós – masc.)	תּוֹרַת (lei de)	תּוֹרוֹתֵיכֶם (vossas leis – masc.)	אַתֶּם (vós – masc.)	תּוֹרוֹת (leis de)
תּוֹרַתְכֶן (vossa lei- fem.)	אַתֶּן (vós – fem.)	תּוֹרַת (lei de)	תּוֹרוֹתֵיכֶן (vossas leis – fem.)	אַתֶּן (vós – fem.)	תּוֹרוֹת (leis de)
תּוֹרָתָם (lei deles – masc.)	הֶם (eles – masc.)	תּוֹרַת (lei de)	תּוֹרוֹתֵיהֶם (leis deles – masc.)	הֶם (eles – masc.)	תּוֹרוֹת (leis de)
תּוֹרָתָן (lei delas – fem.)	הֶן (eles – fem.)	תּוֹרַת (lei de)	תּוֹרוֹתֵיהֶן (leis delas – fem.)	הֶן (eles – fem.)	תּוֹרוֹת (leis de)

Exercícios

1) Numa folha, marque, analise e traduza as palavras sufixadas.

Números 6.24-26

24 יְבָרֶכְךָ יְהוָה וְיִשְׁמְרֶךָ׃ ס

25 יָאֵר יְהוָה פָּנָיו אֵלֶיךָ וִיחֻנֶּךָּ׃ ס

26 יִשָּׂא יְהוָה פָּנָיו אֵלֶיךָ וְיָשֵׂם לְךָ שָׁלוֹם׃ ס

Eclesiastes 1.1-10

1 דִּבְרֵי קֹהֶלֶת בֶּן־דָּוִד מֶלֶךְ בִּירוּשָׁלָֽ͏ִם׃

2 הֲבֵל הֲבָלִים אָמַר קֹהֶלֶת הֲבֵל הֲבָלִים הַכֹּל הָֽבֶל׃

3 מַה־יִּתְרוֹן לָאָדָם בְּכָל־עֲמָלוֹ שֶׁיַּעֲמֹל תַּחַת הַשָּֽׁמֶשׁ׃

4 דּוֹר הֹלֵךְ וְדוֹר בָּא וְהָאָרֶץ לְעוֹלָם עֹמָֽדֶת׃

5 וְזָרַח הַשֶּׁמֶשׁ וּבָא הַשָּׁמֶשׁ וְאֶל־מְקוֹמוֹ שׁוֹאֵף זוֹרֵחַ הוּא שָֽׁם׃

6 הוֹלֵךְ אֶל־דָּרוֹם וְסוֹבֵב אֶל־צָפוֹן סוֹבֵב סֹבֵב הוֹלֵךְ הָרוּחַ וְעַל־סְבִיבֹתָיו שָׁב הָרֽוּחַ׃

7 כָּל־הַנְּחָלִים הֹלְכִים אֶל־הַיָּם וְהַיָּם אֵינֶנּוּ מָלֵא אֶל־מְקוֹם שֶׁהַנְּחָלִים הֹלְכִים שָׁם הֵם שָׁבִים לָלָֽכֶת׃

8 כָּל־הַדְּבָרִים יְגֵעִים לֹא־יוּכַל אִישׁ לְדַבֵּר לֹא־תִשְׂבַּע עַיִן לִרְאוֹת וְלֹא־תִמָּלֵא אֹזֶן מִשְּׁמֹֽעַ׃

9 מַה־שֶּׁהָיָה הוּא שֶׁיִּהְיֶה וּמַה־שֶּׁנַּעֲשָׂה הוּא שֶׁיֵּעָשֶׂה וְאֵין כָּל־חָדָשׁ תַּחַת הַשָּֽׁמֶשׁ׃

10 יֵשׁ דָּבָר שֶׁיֹּאמַר רְאֵה־זֶה חָדָשׁ הוּא כְּבָר הָיָה לְעֹלָמִים אֲשֶׁר הָיָה מִלְּפָנֵֽנוּ׃

Joel 2

1 וְהָיָה אַחֲרֵי־כֵן אֶשְׁפּוֹךְ אֶת־רוּחִי עַל־כָּל־בָּשָׂר וְנִבְּאוּ בְּנֵיכֶם
וּבְנוֹתֵיכֶם זִקְנֵיכֶם חֲלֹמוֹת יַחֲלֹמוּן בַּחוּרֵיכֶם חֶזְיֹנוֹת יִרְאוּ:
2 וְגַם עַל־הָעֲבָדִים וְעַל־הַשְּׁפָחוֹת בַּיָּמִים הָהֵמָּה אֶשְׁפּוֹךְ אֶת־רוּחִי:
3 וְנָתַתִּי מוֹפְתִים בַּשָּׁמַיִם וּבָאָרֶץ דָּם וָאֵשׁ וְתִימֲרוֹת עָשָׁן:

LIÇÃO 16

NOÇÕES BÁSICAS DO VERBO

Várias são as diferenças entre os verbos hebraicos e os de língua latina, vejamos algumas:

1) O verbo hebraico denota três ações: simples, intensiva e causativa.
2) O verbo hebraico possui sete construções (veja abaixo), mas é importante observar que nem todos os verbos ocorrem em todas as sete.

	Simples	Intensiva	Causativa
Ativa	Qal (= leve)	Piel	Hifil
Passiva	Nifal	Pual	Hofal
Reflexiva	Nifal	Hitpael	
	Geralmente, expressa um estado ou qualidade do sujeito Ex: correr.	*Aqui, o sujeito pratica uma ação intensivamente ou energeticamente. Ex: correr muito.*	*Aqui, o sujeito pratica ou leva alguém a praticar uma ação. Ex: Fazer correr.*

3) Em cada uma das construções acima, podem existir os tempos: (1) Particípio Ativo (ou presente), (2) Completo (ou passado), (3) Incompleto (ou futuro), (4) Infinitivo Construto e Absoluto e (5) Imperativo.

4) Os verbos hebraicos geralmente possuem raiz com três consoantes, além dos prefixos e sufixos, e podem ser classificados da seguinte forma:

VERBOS	
FORTES	**FRACOS**
Têm três consoantes fortes na 3ª pessoa masculino singular (raiz verbal) do Perfeito do Qal.	Têm uma vogal no meio da sua raiz.
	Possuem uma ou mais guturais (א, ה, ח, ע e ר) na sua raiz.
	Verbos começados com י , ו ou נ.
	Verbos terminados em ה.
	Verbos começados ou terminados em א.
	Quando a 2ª e a 3ª consoantes forem iguais.

TABELA-RESUMO DAS CONSTRUÇÕES VERBAIS

	SIMPLES *Geralmente, expressa um estado ou qualidade do sujeito.*	**INTENSIVA** *O sujeito pratica uma ação intensivamente ou energeticamente.*	**CAUSATIVA** *O sujeito pratica ou leva alguém a praticar uma ação.*
VOZ ATIVA	*Qal* 68%	*Piel* • Apresenta daguesh forte na 2ª consoante da raiz: duplicação da consoante do meio ( )(.)( ) • No particípio tem prefixo מְ • No (completo) perfeito tem hireq (.) na 1ª consoante. • No imperfeito tem shewa no sufixo, "A" na 1ª radical, dagesh forte + "I" na 2ª radical.	*Hifil* • No particípio tem prefixo מַ • No perfeito tem prefixo הִ • No imperfeito tem prefixo com classe A e vogal temática classe I • No infinitivo tem prefixo הַ
VOZ PASSIVA	*Nifal* • No particípio e (completo) perfeito: prefixo נ • No (incompleto) imperfeito tem "i" no prefixo, e dagesh forte + "a" na primeira consoante da raiz, e "i" na segunda consoante da raiz. • No imperativo tem prefixo ה • Alguns verbos expressam ação reflexiva.	*Pual* • Apresenta dagesh forte na 2ª consoante da raiz: ( )(.)( ) • No particípio tem prefixo מְ • No perfeito e imperfeito têm "u" • ◌ na 1ª consoante da raiz.	*Hofal* • No particípio tem prefixo (mo) מָ • No (completo) perfeito tem prefixo (ho) הָ • No (incompleto) imperfeito tem prefixo com vogal "u" (ָ) • Não tem imperativo
VOZ REFLEXIVA		*Hitpael* • No particípio tem prefixo מִת • No (completo) perfeito tem prefixo הִת • No (incompleto) imperfeito tem prefixos + ת	

TABELA GERAL DE CONJUGAÇÃO DE VERBOS FORTES

Lição 16

HOFAL	HIFIL	HITPAEL	PUAL	PIEL	NIFAL	Part. Ativo
מָקְטָל	מַקְטִיל	מִתְקַטֵּל	מְקֻטָּל	מְקַטֵּל	נִקְטָל	Masc. Sing.
מָקְטֶלֶת	מַקְטִילָה	מִתְקַטֶּלֶת	מְקֻטָּלָה	מְקַטֶּלֶת	נִקְטָלָה	Fem. Sing.
מָקְטָלִים	מַקְטִילִים	מִתְקַטְּלִים	מְקֻטָּלִים	מְקַטְּלִים	נִקְטָלִים	Masc. Plural
מָקְטָלוֹת	מַקְטִילוֹת	מִתְקַטְּלוֹת	מְקֻטָּלוֹת	מְקַטְּלוֹת	נִקְטָלוֹת	Fem. Plural
						Completo
הָקְטַלְתִּי	הִקְטַלְתִּי	הִתְקַטַּלְתִּי	קֻטַּלְתִּי	קִטַּלְתִּי	נִקְטַלְתִּי	1p.c. Sing.
הָקְטַלְתָּ	הִקְטַלְתָּ	הִתְקַטַּלְתָּ	קֻטַּלְתָּ	קִטַּלְתָּ	נִקְטַלְתָּ	2 p.m. Sing.
הָקְטַלְתְּ	הִקְטַלְתְּ	הִתְקַטַּלְתְּ	קֻטַּלְתְּ	קִטַּלְתְּ	נִקְטַלְתְּ	2 p.f. Sing.
הָקְטַל	הִקְטִיל	הִתְקַטֵּל	קֻטַּל	קִטֵּל	נִקְטַל	3.p.m. Sing.
הָקְטְלָה	הִקְטִילָה	הִתְקַטְּלָה	קֻטְּלָה	קִטְּלָה	נִקְטְלָה	3.p.f. Sing
הָקְטַלְנוּ	הִקְטַלְנוּ	הִתְקַטַּלְנוּ	קֻטַּלְנוּ	קִטַּלְנוּ	נִקְטַלְנוּ	1 p.c.Plural
הָקְטַלְתֶּם	הִקְטַלְתֶּם	הִתְקַטַּלְתֶּם	קֻטַּלְתֶּם	קִטַּלְתֶּם	נִקְטַלְתֶּם	2 p.m. Plural
הָקְטַלְתֶּן	הִקְטַלְתֶּן	הִתְקַטַּלְתֶּן	קֻטַּלְתֶּן	קִטַּלְתֶּן	נִקְטַלְתֶּן	2 p.f. Plural
הָקְטְלוּ	הִקְטִילוּ	הִתְקַטְּלוּ	קֻטְּלוּ	קִטְּלוּ	נִקְטְלוּ	3.p.m. Plural
הָקְטְלוּ	הִקְטִילוּ	הִתְקַטְּלוּ	קֻטְּלוּ	קִטְּלוּ	נִקְטְלוּ	3.p.f. Plural
						Incompleto
אָקְטַל	אַקְטִיל	אֶתְקַטֵּל	אֲקֻטַּל	אֲקַטֵּל	אֶקָּטֵל	1p.c. Sing.
תָּקְטַל	תַּקְטִיל	תִּתְקַטֵּל	תְּקֻטַּל	תְּקַטֵּל	תִּקָּטֵל	2 p.m. Sing.
תָּקְטְלִי	תַּקְטִילִי	תִּתְקַטְּלִי	תְּקֻטְּלִי	תְּקַטְּלִי	תִּקָּטְלִי	2 p.f. Sing.
יָקְטַל	יַקְטִיל	יִתְקַטֵּל	יְקֻטַּל	יְקַטֵּל	יִקָּטֵל	3.p.m. Sing.
תָּקְטַל	תַּקְטִיל	תִּתְקַטֵּל	תְּקֻטַּל	תְּקַטֵּל	תִּקָּטֵל	3.p.f. Sing

נִקְטֵל	נַקְטִיל	נִתְקַטֵּל	נְקַטֵּל	נְקַטֵּל	נִקְטֹל	1 p.c.Plural
תָּקְטְלוּ	תַּקְטִילוּ	תִּתְקַטְּלוּ	תְּקַטְּלוּ	תְּקַטְּלוּ	תִּקְטְלוּ	2 p.m. Plural
תָּקְטַלְנָה	תַּקְטֵלְנָה	תִּתְקַטֵּלְנָה	תְּקַטֵּלְנָה	תְּקַטֵּלְנָה	תִּקְטַלְנָה	2 p.f. Plural
יָקְטְלוּ	יַקְטִילוּ	יִתְקַטְּלוּ	יְקַטְּלוּ	יְקַטְּלוּ	יִקְטְלוּ	3.p.m. Plural
תָּקְטַלְנָה	תַּקְטֵלְנָה	תִּתְקַטֵּלְנָה	תְּקַטֵּלְנָה	תְּקַטֵּלְנָה	תִּקְטַלְנָה	3.p.f. Plural
						Imperativo
	הַקְטֵל	הִתְקַטֵּל		קַטֵּל	הִקָּטֵל	Masc. Sing.
	הַקְטִילִי	הִתְקַטְּלִי		קַטְּלִי	הִקָּטְלִי	Fem. Sing.
	הַקְטִילוּ	הִתְקַטְּלוּ		קַטְּלוּ	הִקָּטְלוּ	Masc. Pl.
	הַקְטֵלְנָה	הִתְקַטֵּלְנָה		קַטֵּלְנָה	הִקָּטַלְנָה	Fem. Pl.
	הַקְטֵל		קָטֹל	קַטֹּל	נִקְטֹל	**Inf. Absol.**
הָקְטֵל	הַקְטִיל	הִתְקַטֵּל	קָטֹל	קַטֵּל	הִקָּטֵל	**Inf. Constr.**

LIÇÃO 17

VERBO FORTE: GRAU SIMPLES

1ª CONSTRUÇÃO: QAL

Pertencente à voz ativa simples, este é o tempo que aparece na Bíblia em 68% dos casos, sendo o mais importante e o mais extenso. Ele aparece nos tempos: Particípio Ativo (ou presente), Completo (ou passado), Incompleto (ou futuro), Imperativo e Infinitivo.

1.1. O Particípio Ativo ou Presente

Pode ser utilizado como substantivo, adjetivo ou verbo. É traduzido para o português como o tempo presente (= eu canto, tu cantas, etc). Como verbo é conjugado da seguinte forma:

No masculino:

PLURAL	PRONOME	SINGULAR	PRONOME
ים ׁ ו ֹ ְ ___	אֲנַחְנוּ אַתֶּם הֵם	___ ו ֹ ֵ ___	אֲנִי אַתָּה הוּא

No feminino:

PLURAL	PRONOME	SINGULAR	PRONOME
וֹת ___ ְ ___	אֲנַחְנוּ אַתֶּן הֵן	___ ת ֶ ו ֹ ֶ ___	אֲנִי אַתְּ הִיא

Exemplo: Verbo aprender = לָמַד

No masculino:

PLURAL	PRONOME	SINGULAR	PRONOME
לוֹמְדִים	אֲנַחְנוּ	לוֹמֵד	אֲנִי
	אַתֶּם		אַתָּה
	הֵם		הוּא

No feminino:

PLURAL	PRONOME	SINGULAR	PRONOME
לוֹמְדוֹת	אֲנַחְנוּ	לוֹמֶדֶת	אֲנִי
	אַתֶּן		אַתְּ
	הֵן		הִיא

Exercícios

1) Conjugue os verbos abaixo:

מָשַׁל (governar)

VERBO PLURAL	PRONOME PLURAL	VERBO SINGULAR	PRONOME SINGULAR
	אֲנַחְנוּ		אֲנִי
	אַתֶּם		אַתָּה
	הֵם		הוּא
	אֲנַחְנוּ		אֲנִי
	אַתֶּן		אַתְּ
	הֵן		הִיא

כָּתַב (escrever)

VERBO PLURAL	PRONOME PLURAL	VERBO SINGULAR	PRONOME SINGULAR
	אֲנַחְנוּ		אֲנִי
	אַתֶּם		אַתָּה

	הֵם		הוּא
	אֲנַחְנוּ		אֲנִי
	אַתֶּן		אַתְּ
	הֵן		הִיא

שָׁמַר (guardar)

VERBO PLURAL	PRONOME PLURAL	VERBO SINGULAR	PRONOME SINGULAR
	אֲנַחְנוּ		אֲנִי
	אַתֶּם		אַתָּה
	הֵם		הוּא
	אֲנַחְנוּ		אֲנִי
	אַתֶּן		אַתְּ
	הֵן		הִיא

2) Analise e traduza os verbos das frases, marcando o Waw conjuntivo, artigo e preposição:

Ec 1.4 דּוֹר הֹלֵךְ וְדוֹר בָּא וְהָאָרֶץ לְעוֹלָם עֹמָדֶת:

Ec 1.5 וְזָרַח הַשֶּׁמֶשׁ וּבָא הַשָּׁמֶשׁ וְאֶל־מְקוֹמוֹ שׁוֹאֵף זוֹרֵחַ[7] הוּא שָׁם:

Ec 1.6 הוֹלֵךְ אֶל־דָּרוֹם וְסוֹבֵב אֶל־צָפוֹן סוֹבֵב סֹבֵב הוֹלֵךְ הָרוּחַ וְעַל־סְבִיבֹתָיו[8] שָׁב הָרוּחַ:

---

[7] O conceito de Patah furtivo ainda não foi introduzido.
[8] Esta forma é um particípio de verbos ע"ו

Ec 1.7 כָּל־הַנְּחָלִים הֹלְכִים אֶל־הַיָּם וְהַיָּם אֵינֶנּוּ מָלֵא אֶל־מְקוֹם שֶׁהַנְּחָלִים הֹלְכִים שָׁם הֵם שָׁבִים לָלָכֶת:

1.2. O Passado (Perfeito ou Completo)

As formas verbais do perfeito refletem uma ação completa ou acabada e são construídas a partir da **raiz do verbo + sufixo**. Em português, ele equivale ao **pretérito perfeito** ou **passado simples** (eu cantei, tu cantaste, etc). É conjugado da seguinte forma:

PLURAL	PRONOME	SINGULAR	PRONOME
־ ־ ־ נוּ	אֲנַחְנוּ	־ ־ ־ תִּי	אֲנִי eu
־ ־ ־ תֶּם	אַתֶּם	־ ־ ־ תָּ	אַתָּה tu (m.)
־ ־ ־ תֶּן	הֵם	־ ־ ־ תְּ	אַתְּ tu (f.)
־ ־ ־ וּ	אַתֶּן		הוּא ele
־ ־ ־ וּ	הֵן	־ ־ ־ ה	הִיא ela

Exemplo:

VERBO PLURAL	PRONOME PLURAL	VERBO SINGULAR	PRONOME SINGULAR
לָמַדְנוּ	אֲנַחְנוּ	לָמַדְתִּי	אֲנִי
לְמַדְתֶּם	אַתֶּם	לָמַדְתָּ	אַתָּה
לְמַדְתֶּן	אַתֶּן	לָמַדְתְּ	אַתְּ
לָמְדוּ	הֵם	לָמַד	הוּא
לָמְדוּ	הֵן	לָמְדָה	הִיא

Waw Consecutivo ou Conversivo: É uma modalidade hebraica de expressão de pensamento. Quando um verbo conjugado no passado é precedido por um Waw consecutivo, ele normalmente é traduzido no futuro. Ou seja, apesar de lermos o verbo no passado, ao traduzirmos, deveremos colocá-lo no futuro. Já quando um verbo conjugado no futuro é precedido por um Waw consecutivo, ele é normalmente traduzido no passado.

Exercícios

1) Conjugue os verbos abaixo no perfeito:

מָשַׁל (governar)

VERBO PLURAL	PRONOME PLURAL	VERBO SINGULAR	PRONOME SINGULAR
	אֲנַחְנוּ 1cp		אֲנִי 1cs
	אַתֶּם 2mp		אַתָּה 2ms
	הֵם 2fp		הוּא 2fs
	אַתֶּן 3mp		אַתְּ 3ms
	הֵן 3cp		הִיא 3fs

כָּתַב (escrever)

VERBO PLURAL	PRONOME PLURAL	VERBO SINGULAR	PRONOME SINGULAR
	אֲנַחְנוּ 1cp		אֲנִי 1cs
	אַתֶּם 2mp		אַתָּה 2ms
	אַתֶּן 2fp		אַתְּ 2fs
	הֵם 3mp		הוּא 3ms
	הֵן 3cp		הִיא 3fs

זָכַר (lembrar)

VERBO PLURAL	PRONOME PLURAL	VERBO SINGULAR	PRONOME SINGULAR
	אֲנַחְנוּ 1cp		אֲנִי 1cs
	אַתֶּם 2mp		אַתָּה 2ms
	הֵם 2fp		אַתְּ 2ts
	אַתֶּן 3mp		הוּא 3ms
	הֵן 3cp		הִיא 3fs

2) Analisar e traduzir os verbos das frases abaixo:

Gn 21.17 וַיִּשְׁמַע אֱלֹהִים אֶת־קוֹל הַנַּעַר וַיִּקְרָא מַלְאַךְ אֱלֹהִים אֶל־הָגָר מִן־הַשָּׁמַיִם וַיֹּאמֶר לָהּ מַה־לָּךְ הָגָר אַל־תִּירְאִי כִּי־שָׁמַע אֱלֹהִים אֶל־קוֹל הַנַּעַר בַּאֲשֶׁר הוּא־שָׁם:

1 Reis 11.21 וַהֲדַד שָׁמַע בְּמִצְרַיִם כִּי־שָׁכַב דָּוִד עִם־אֲבֹתָיו וְכִי־מֵת יוֹאָב שַׂר־הַצָּבָא וַיֹּאמֶר הֲדַד אֶל־פַּרְעֹה שַׁלְּחֵנִי וְאֵלֵךְ אֶל־אַרְצִי׃

Dt 4.36 מִן־הַשָּׁמַיִם הִשְׁמִיעֲךָ אֶת־קֹלוֹ לְיַסְּרֶךָּ וְעַל־הָאָרֶץ הֶרְאֲךָ אֶת־אִשּׁוֹ הַגְּדוֹלָה וּדְבָרָיו שָׁמַעְתָּ מִתּוֹךְ הָאֵשׁ׃

2 Cr 34.21 לְכוּ דִרְשׁוּ אֶת־יְהוָה בַּעֲדִי וּבְעַד הַנִּשְׁאָר בְּיִשְׂרָאֵל וּבִיהוּדָה עַל־דִּבְרֵי הַסֵּפֶר אֲשֶׁר נִמְצָא כִּי־גְדוֹלָה חֲמַת־יְהוָה אֲשֶׁר נִתְּכָה בָנוּ עַל אֲשֶׁר לֹא־שָׁמְרוּ אֲבוֹתֵינוּ אֶת־דְּבַר יְהוָה לַעֲשׂוֹת כְּכָל־הַכָּתוּב עַל־הַסֵּפֶר הַזֶּה׃

Gn 1:1 בְּרֵאשִׁית בָּרָא אֱלֹהִים אֵת הַשָּׁמַיִם וְאֵת הָאָרֶץ׃

3) Escreva em hebraico as formas no perfeito:

3p. feminino singular de (lembrou) זָכַר	
2p. feminino singular de (guardar) שָׁמַר	
1p. comum plural de (ser forte) תָזַק	
2p. masculina plural de (ser pesado) כָּבֵד	
3p. comum plural de (ungir) מָשַׁח	
2p. masculino singular de (cortar) כָּרַת	
1p. comum singular de (pegar) לָקַח	

1.3. O Futuro (Imperfeito ou Incompleto)[9]

É construído com prefixo + raiz do verbo + sufixo. Suas formas verbais refletem uma ação incompleta. Em português, o futuro do Qal corresponde ao nosso futuro simples (eu cantarei, tu cantarás, etc). Quanto ao significado pode ser: (a) de futuro; (b) de ação habitual ou comum; (c) modalidade: condição, finalidade etc., dependendo da estrutura sintática em que é empregada.

> O imperfeito é negado com: לֹא

É conjugado da seguinte forma:

PLURAL	PRONOME		SINGULAR	PRONOME	
נְ — — — וּ	אֲנַחְנוּ	1cp	אֶ — — —	אֲנִי	1cs
תְּ — — — וּ	אַתֶּם	2mp	תִּ — — —	אַתָּה	2ms
תִּ — — — וּ — נָה	אַתֶּן	3fr	תִּ — — — י	הוּא	3fs
יִ — — — וּ	הֵם	3mp	יִ — — —	אַתְּ	3ms
תִּ — — — וּ — נָה	הֵן	3cp	תִּ — — —	הִיא	3fs

Exemplo:

VERBO PLURAL	PRONOME PLURAL	VERBO SINGULAR	PRONOME SINGULAR
נִלְמֹד	אֲנַחְנוּ	אֶלְמֹד	אֲנִי
תִּלְמְדוּ	אַתֶּם	תִּלְמֹד	אַתָּה
יִלְמְדוּ	הֵם	יִלְמֹד	הוּא
תִּלְמֹדְנָה	אַתֶּן	תִּלְמְדִי	אַתְּ
תִּלְמֹדְנָה	הֵן	תִּלְמֹד	הִיא

---

[9] Há uma forma do volitivo hebraico (3ª pessoa) chamada jussivo que é igual à forma do imperfeito. Quando usdo em frases imperativas negativas, recebe o advérbio אַל

Exercícios

1) Conjugue os verbos abaixo no imperfeito:

מָשַׁל (governar)

VERBO PLURAL	PRONOME PLURAL	VERBO SINGULAR	PRONOME SINGULAR
	1cs אֲנַחְנוּ		אֲנִי 1cs
	2mp אַתֶּם		אַתָּה 2ms
	2fp אַתֵּן		אַתְּ 2fs
	3mp הֵם		הוּא 3ms
	3cp הֵן		הִיא 3fs

נָפַל (cair)

VERBO PLURAL	PRONOME PLURAL	VERBO SINGULAR	PRONOME SINGULAR
	1cp אֲנַחְנוּ		אֲנִי 1cs
	2mp אַתֶּם		אַתָּה 2ms
	2fp אַתֵּן		אַתְּ 2fs
	3mp הֵם		הוּא 3ms
	3cp הֵן		הִיא 3fs

פָּקַד (visitar)

VERBO PLURAL	PRONOME PLURAL	VERBO SINGULAR	PRONOME SINGULAR
	1cp אֲנַחְנוּ		אֲנִי 1cs
	2mp אַתֶּם		אַתָּה 2ms
	2fp אַתֵּן		אַתְּ 2fs
	3mp הֵם		הוּא 3ms
	3cp הֵן		הִיא 3fs

Lição 17

שָׁכַב (deitar-se)

VERBO PLURAL	PRONOME PLURAL	VERBO SINGULAR	PRONOME SINGULAR
	אֲנַחְנוּ 1cp		אֲנִי 1cs
	אַתֶּם 2mp		אַתָּה 2ms
	אַתֵּן 2fp		אַתְּ 2fs
	הֵם 3mp		הוּא 3ms
	הֵן 3cp		הִיא 3fs

2) Analise e traduza os verbos abaixo:

Jó 19.23 מִי־יִתֵּן[10] אֵפוֹ וְיִכָּתְבוּן מִלָּי מִי־יִתֵּן בַּסֵּפֶר וְיֻחָקוּ׃

Jó 19.25 וַאֲנִי יָדַעְתִּי גֹּאֲלִי חָי וְאַחֲרוֹן עַל־עָפָר יָקוּם׃[11]

Jó 19.26 וְאַחַר עוֹרִי נִקְּפוּ־זֹאת וּמִבְּשָׂרִי אֶחֱזֶה[12] אֱלוֹהַּ׃

Jó 19.27 אֲשֶׁר אֲנִי אֶחֱזֶה־לִּי וְעֵינַי רָאוּ וְלֹא־זָר כָּלוּ כִלְיֹתַי בְּחֵקִי׃

Ec 1.11 אֵין זִכְרוֹן לָרִאשֹׁנִים וְגַם לָאַחֲרֹנִים שֶׁיִּהְיוּ[13] לֹא־יִהְיֶה לָהֶם זִכָּרוֹן עִם שֶׁיִּהְיוּ[14] לָאַחֲרֹנָה׃

[10] Esta forma equivale a יִנְתֵּן, a partir da qual o nun foi assimilado no dagesh forte.
[11] Nesta família de verbos (Ayin Waw) a 2ª radical dá lugar a um וֹ ou ֹו.
[12] Nesta família de verbos a 1ª radical é uma gutural.
[13] Esta forma tem anexado a ela o pronome relativo (שֶׁ). Tire o pronome e então analise a forma.
[14] Idem

3) Leia, descubra e analise os verbos e traduza as frases abaixo:

(Sl 111.5) טֶ֭רֶף נָתַ֣ן לִֽירֵאָ֑יו יִזְכֹּ֖ר לְעוֹלָ֣ם בְּרִיתֽוֹ׃

(Gn 17.10) זֹ֣את בְּרִיתִ֞י אֲשֶׁ֣ר תִּשְׁמְר֗וּ בֵּינִ֤י וּבֵֽינֵיכֶ֔ם וּבֵ֥ין זַרְעֲךָ֖ אַחֲרֶ֑יךָ הִמּ֥וֹל לָכֶ֖ם כָּל־זָכָֽר׃

(Dt 13.14) יָצְא֞וּ אֲנָשִׁ֤ים בְּנֵֽי־בְלִיַּ֙עַל֙ מִקִּרְבֶּ֔ךָ וַיַּדִּ֛יחוּ[15] אֶת־יֹשְׁבֵ֥י עִירָ֖ם לֵאמֹ֑ר נֵלְכָ֗ה וְנַֽעַבְדָ֛ה אֱלֹהִ֥ים אֲחֵרִ֖ים אֲשֶׁ֥ר לֹֽא־יְדַעְתֶּֽם׃

(Jr 31.33) כִּ֣י זֹ֣את הַבְּרִ֡ית אֲשֶׁ֣ר אֶכְרֹת֩ אֶת־בֵּ֨ית יִשְׂרָאֵ֜ל אַחֲרֵ֨י הַיָּמִ֤ים הָהֵם֙ נְאֻם־יְהוָ֔ה נָתַ֤תִּי אֶת־תּֽוֹרָתִי֙ בְּקִרְבָּ֔ם וְעַל־לִבָּ֖ם אֶכְתֲּבֶ֑נָּה וְהָיִ֤יתִי לָהֶם֙ לֵֽאלֹהִ֔ים וְהֵ֖מָּה יִֽהְיוּ[16]־לִ֥י לְעָֽם׃

(Gn 31:44) וְעַתָּ֗ה לְכָ֛ה נִכְרְתָ֥ה[17] בְרִ֖ית אֲנִ֣י וָאָ֑תָּה וְהָיָ֥ה לְעֵ֖ד בֵּינִ֥י וּבֵינֶֽךָ׃

---

[15] Esta forma de pretérito do Hifil (presença do ה mais o padrão vocálico "A" + "I"). Identifique a pessoa, o gênero e o número.
[16] Esta família de verbos (Lamed Hê) perde o ה final em formas que têm sufixo vocálico.
[17] Esta forma é um coortativo (volitivo de 1ª pessoa) em que o sufixo הָ é acrescentado à forma, mudando ligeiramente sua vocalização.

1.4. O Imperativo

O **imperativo do Qal só existe** na **segunda pessoa masculina e feminina**, singular e plural **(tu e vós)**, sendo utilizado para **expressar conceitos positivos**, nunca uma proibição. É formado a partir do futuro do Qal, sem os prefixos da segunda pessoa masculina e feminina, singular e plural. A presença dos sufixos vocálicos ִי (2fs) e וּ (2 mp) provoca pequenas modificações na vocalização.

Exemplo:

No imperfeito:

VERBO PLURAL	PRONOME PLURAL	VERBO SINGULAR	PRONOME SINGULAR
תִּלְמְדוּ	אַתֶּם	תִּלְמַד	אַתָּה
תִּלְמֹדְנָה	אַתֶּן	תִּלְמְדִי	אַתְּ

No imperativo, tira-se o prefixo "tav":

VERBO PLURAL	PRONOMES PLURAR	VERBO SINGULAR	PRONOMES SINGULAR
לִמְדוּ	אַתֶּם	לְמַד	אַתָּה
לְמֹדְנָה	אַתֶּן	לִמְדִי	אַתְּ

Repare que o imperativo faz com que os dois shevas se encontrem lado a lado no começo da segunda pessoa do feminino singular e da segunda pessoa do masculino plural. Mas já que eles não podem permanecer assim, o primeiro sheva se transforma num hireq(.).

Exercícios

1) Conjugue os verbos abaixo:

שָׁמַר (guardar)

VERBO PLURAL	PRONOME PLURAL	VERBO SINGULAR	PRONOME SINGULAR
	אַתֶּם		אַתָּה
	אַתֶּן		אַתְּ

שָׁפַט (julgar)

VERBO PLURAL	PRONOME PLURAL	VERBO SINGULAR	PRONOME SINGULAR
	אַתֶּם		אַתָּה
	אַתֶּן		אַתְּ

שָׁכַב (deitar, descansar)

VERBO PLURAL	PRONOME PLURAL	VERBO SINGULAR	PRONOME SINGULAR
	אַתֶּם		אַתָּה
	אַתֶּן		אַתְּ

מָשַׁל (governar)

VERBO PLURAL	PRONOME PLURAL	VERBO SINGULAR	PRONOME SINGULAR
	אַתֶּם		אַתָּה
	אַתֶּן		אַתְּ

1) Identifique e analise os verbos abaixo:

Sl 37.3 בְּטַח בַּיהוָה וַעֲשֵׂה־טוֹב שְׁכָן־אֶרֶץ וּרְעֵה אֱמוּנָה׃

Sl 37.5 גּוֹל[18] עַל־יְהוָה דַּרְכֶּךָ וּבְטַח עָלָיו וְהוּא יַעֲשֶׂה׃

---

[18] Esta família de verbos (Ayin Waw) troca 2a radical por um וּ ou וֹ.

1.5. O Infinitivo

São formas verbais finitas que expressam a idéia básica da raiz verbal sem as limitações da pessoa, número e gênero. Ele tem duas formas:

Infinitivo Construto	Infinitivo Absoluto
• Funciona como substantivo verbal, admitindo preposições inseparáveis ou sufixos pronominais. • Sua forma é igual a da 2ª pessoa masculino singular do imperativo do Qal na maioria dos casos. • Frequentemente são anexados ao infinitivo construto as preposições לְ (a, para), בְּ (quando, enquanto) e כְּ (quando, enquanto) • Exemplos:	• Funciona como verbo, podendo expressar a idéia básica da raiz. • Não admite prefixos ou sufixos. • Sua função é dar um sentido adverbial ao verbo que normalmente o acompanha. • Pode ter a conjunção Waw prefixada a ele. • Exemplos:
מְשֹׁל vira מָשַׁל governar לְמֹד vira לָמַד aprender	בּוֹא (ir), שָׁפֹט (julgar), דַּבֵּר (falar)

Exercícios

1) Escreva as formas dos infinitivos do Qal dos seguintes verbos:

Raiz verbal	Infinitivo Construto	Tradução	Infinitivo Absoluto	Tradução
פָּקַד				
שָׁכַב				
מָשַׁל				
שָׁפַט				
לָמַד				
קָרַב				
קָטַל				

2) Analise e traduza os verbos dos textos abaixo:

Sl 51.2 ⁱ⁹בְּבוֹא אֵלָיו נָתָן הַנָּבִיא כַּאֲשֶׁר־בָּא אֶל־בַּת־שָׁבַע׃

| |
| |

Ec 1.7 כָּל־הַנְּחָלִים הֹלְכִים אֶל־הַיָּם וְהַיָּם אֵינֶנּוּ מָלֵא אֶל־מְקוֹם שֶׁהַנְּחָלִים הֹלְכִים שָׁם הֵם שָׁבִים לָלָכֶת׃²⁰

| |
| |

Ec 1.8 כָּל־הַדְּבָרִים יְגֵעִים לֹא־יוּכַל אִישׁ לְדַבֵּר לֹא־תִשְׂבַּע עַיִן לִרְאוֹת²¹ וְלֹא־תִמָּלֵא אֹזֶן מִשְּׁמֹעַ׃

| |
| |

Êx 20.8 זָכוֹר אֶת־יוֹם הַשַּׁבָּת לְקַדְּשׁוֹ׃

| |
| |

2ª CONSTRUÇÃO: NIFAL

O Nifal é a voz passiva ou reflexiva do Qal.

Suas características são: (1ª) O **presente** (particípio ativo) e o **passado** (completo ou perfeito) têm prefixo נ; (2ª) no **futuro** (imperfeito) o *nun* se assimila à primeira consoante do radical, tendo dagesh na 1ª consoante na raiz; (3ª) o **imperativo e infinitivo construto** são baseados no imperfeito, com prefixo הִ; (4ª) o **particípio e o infinitivo absoluto** são baseados no perfeito. Confira todas essas características na tabela abaixo e na página 67.

Particípio:

PLURAL	PRONOME (M)	SINGULAR	PRONOME (M)
נִלְמָדִים	אֲנַחְנוּ	נִלְמָד	אֲנִי
	אַתֶּם		אַתָּה
	הֵם		הוּא

[19] Esta forma pertence a um verbo Ayin Waw. Ver nota 2, p.77
[20] Esta forma pertence (acredite ou não) ao verbo הָלַךְ
[21] Esta forma pertence ao verbo רָאָה, de família Lamed Hê.

Lição 17

Particípio (continuação):

PLURAL	PRONOME (F)	SINGULAR	PRONOME (F)
נִלְמָדוֹת	אֲנַחְנוּ אַתֶּן הֵן	נִלְמָדָה	אֲנִי אַתְּ הִיא

Perfeito:

	VERBO PLURAL	PRONOME PLURAL	VERBO SINGULAR	PRONOME SINGULAR	
1cp	נִלְמַדְנוּ	אֲנַחְנוּ	נִלְמַדְתִּי	אֲנִי	1cs
2mp	נִלְמַדְתֶּם	אַתֶּם	נִלְמַדְתָּ	אַתָּה	2ms
2fp	נִלְמַדְתֶּן	אַתֶּן	נִלְמַדְתְּ	אַתְּ	2fs
3mp	נִלְמְדוּ	הֵם	נִלְמַד	הוּא	3ms
3fp	נִלְמְדוּ	הֵן	נִלְמְדָה	הִיא	3fs

Imperfeito:

	VERBO PLURAL	PRONOME PLURAL	VERBO SINGULAR	PRONOME SINGULAR	
1cp	נִלָּמֵד	אֲנַחְנוּ	אֶלָּמֵד	אֲנִי	1cs
2mp	תִּלָּמְדוּ	אַתֶּם	תִּלָּמֵד	אַתָּה	2ms
2fp	תִּלָּמַדְנָה	אַתֶּן	תִּלָּמְדִי	אַתְּ	2fs
3mp	יִלָּמְדוּ	הֵם	יִלָּמֵד	הוּא	3ms
3fp	תִּלָּמַדְנָה	הֵן	תִּלָּמֵד	הִיא	3fs

Imperativo:

	VERBO PLURAL	PRONOME PLURAL	VERBO SINGULAR	PRONOME SINGULAR	
2m	הִלָּמְדוּ	אַתֶּם	הִלָּמֵד	אַתָּה	2m
2f	הִלָּמַדְנָה	אַתֶּן	הִלָּמְדִי	אַתְּ	2f

Exercícios

1) Escreva a flexão completa do perfeito do verbo מָשַׁל (ele governou) no Nifal:

VERBO PLURAL	PRONOME PLURAL	VERBO SINGULAR	PRONOME SINGULAR
	אֲנַחְנוּ		אֲנִי
	אַתֶּם		אַתָּה
	אַתֶּן		אַתְּ
	אֲנַחְנוּ		אֲנִי
	הֵם		הוּא
	הֵן		הִיא

2) Analise e traduza os verbos dos seguintes versos:

Gn 1.9 וַיֹּאמֶר אֱלֹהִים [22]יִקָּווּ הַמַּיִם מִתַּחַת הַשָּׁמַיִם אֶל־מָקוֹם אֶחָד [23]וְתֵרָאֶה הַיַּבָּשָׁה וַיְהִי־כֵן:

Pv 10.13 בְּשִׂפְתֵי נָבוֹן תִּמָּצֵא חָכְמָה וְשֵׁבֶט לְגֵו חֲסַר־לֵב:

Ec 1:9 מַה־שֶּׁהָיָה הוּא שֶׁיִּהְיֶה וּמַה־שֶּׁנַּעֲשָׂה הוּא [24]שֶׁיֵּעָשֶׂה וְאֵין כָּל־חָדָשׁ תַּחַת הַשָּׁמֶשׁ

---

[22] verbo Lamed Hê, perde o hê final antes de sufixos vocálicos.
[23] verbo Pê Gutural. Exige prolongamento de vogal do prefixo pois o ר (resh) não recebe dagesh forte.
[24] Verbo Pê Gutural. Exige prolongamento de vogal do prefixo pois o ע (ayin) não recebe dagesh forte.

LIÇÃO 18

VERBO FORTE: GRAU INTENSIVO

3ª CONSTRUÇÃO: PIEL

É a voz ativa intensiva do Qal. Essa construção passa para o tradutor a idéia de uma ação enérgica, repetida, demorada. O Piel intensifica a idéia simples do Qal. Exemplos: "quebrar", no Qal, vira "despedaçar", no Piel; "Pedir", no Qal, vira "mendigar", no Piel; "estudar", no Qal, vira "ensinar", no Piel.

Sua maior característica é a duplicação da segunda letra da raiz verbal (exceto quando for uma gutural). Essa duplicação é indicada pela presença do dagesh forte. Exemplo: נָשַׁק (ele beijou), no Piel, fica נִשֵּׁק (ele beijou repetidamente); שָׁבַר (ele quebrou), no Piel, fica שִׁבֵּר (ele estraçalhou, despedaçou).

Além disso, no **particípio ativo** (presente), recebe o prefixo מְ e, no **passado** (completo ou perfeito), possui um hireq (.) embaixo da 1ª consoante. Confira todas essas características na tabela da página 67.

4ª CONSTRUÇÃO: PUAL

É a voz passiva do Piel. Essa construção não possui imperativo. Tem dagesh forte na consoante média da raiz verbal (redobramento da segunda consoante do radical).

Quanto as suas características, vemos: (1ª) O verbo no presente (particípio) tem prefixo מְ; (2ª) no passado (completo ou perfeito) e futuro (incompleto ou imperfeito), o verbo tem *u* breve na primeira letra da raiz e *a* breve na segunda. Confira todas essas características na tabela da página 67.

5ª CONSTRUÇÃO: HITPAEL

O Hitpael é a voz reflexiva do intensivo Piel, em que o sujeito tanto pratica como sofre a ação. Exemplos: קָדַשׁ (ser santo) no Hiptael, fica הִתְקַדֵּשׁ (santificou-se), e נָקַם (vingar) no Hitpael, fica הִתְנַקֵּם (vingou-se).

Suas características principais são: (1ª) apresenta dagesh na 2ª letra da raiz; (2ª) o **presente** (particípio ativo) tem prefixo מִת; (מִתְקַטֵּל)(3ª) o **passado** (completo ou perfeito) tem prefixo הִת, tem '*a*' (_) breve na primeira letra da raiz e '*e*' (..) longo na segunda; (הִתְקַטֵּל) (4ª) quando a raiz começar com ס, צ, שׁ ou שׂ, o prefixo ת e essas consoantes trocam de lugar na palavra, a fim de facilitar a pronúncia. Ex.: הִתְסַתֵּר (*ele se escondeu*), vira הִסְתַּתֵּר e (5ª) quando a raiz começar com צ, a letra

ת é substituída por ט, troca de lugar com o צ, vindo a ocupar a primeira radical da palavra. Exemplo: הִתְצַדֵּק (*ele se escondeu*) vira הִצְטַדֵּק. Confira todas essas características na tabela da página 67.

Exercícios

1) De acordo com a tabela geral de conjugação de verbos fortes (página 67), conjugue o perfeito dos verbos nas construções abaixo indicadas:

שָׁכַב (deitar-se)

HIPTAEL	PUAL	PIEL	PRONOMES
			אֲנִי
			אַתָּה
			אַתְּ
			הוּא
			הִיא
			אֲנַחְנוּ
			אַתֶּם
			אַתֶּן
			הֵם
			הֵן

בִּקֵּשׁ (procurar, buscar)

HIPTAEL	PUAL	PIEL	PRONOMES
			אֲנִי
			אַתָּה
			אַתְּ
			הוּא
			הִיא
			אֲנַחְנוּ
			אַתֶּם
			הֵם
			אַתֶּן
			הֵן

Lição 18

דִּבֶּר (falar)

HIPTAEL	PUAL	PIEL	PRONOMES
			אֲנִי
			אַתָּה
			אַתְּ
			הוּא
			הִיא
			אֲנַחְנוּ
			אַתֶּם
			אַתֶּן
			הֵם
			הֵן

2) Analise e traduza os verbos das seguintes frases:

Gn 3.19 בְּזֵעַת אַפֶּיךָ תֹּאכַל לֶחֶם עַד שׁוּבְךָ אֶל־הָאֲדָמָה כִּי מִמֶּנָּה לֻקָּחְתָּ כִּי־עָפָר אַתָּה וְאֶל־עָפָר תָּשׁוּב:

Rt 1.6 וַתָּקָם הִיא וְכַלֹּתֶיהָ וַתָּשָׁב מִשְּׂדֵי מוֹאָב כִּי שָׁמְעָה בִּשְׂדֵה מוֹאָב כִּי־פָקַד יְהוָה אֶת־עַמּוֹ לָתֵת לָהֶם לָחֶם:

Ml 2.4 וִידַעְתֶּם כִּי שִׁלַּחְתִּי אֲלֵיכֶם אֵת הַמִּצְוָה הַזֹּאת לִהְיוֹת בְּרִיתִי אֶת־לֵוִי אָמַר יְהוָה צְבָאוֹת:

Sl 106.45 וַיִּזְכֹּר לָהֶם בְּרִיתוֹ וַיִּנָּחֶם כְּרֹב חֲסָדָיו חֲסָדָיו:

Gn 1.2b וְרוּחַ אֱלֹהִים מְרַחֶפֶת עַל־פְּנֵי הַמָּיִם׃

Êx 20.1 וַיְדַבֵּר אֱלֹהִים אֵת כָּל־הַדְּבָרִים הָאֵלֶּה לֵאמֹר

Jó 19.26 וְאַחַר עוֹרִי נִקְּפוּ־זֹאת וּמִבְּשָׂרִי אֶחֱזֶה אֱלוֹהַּ׃

Pv 10.11 מְקוֹר חַיִּים פִּי צַדִּיק וּפִי רְשָׁעִים יְכַסֶּה חָמָס׃

LIÇÃO 19

VERBO FORTE: GRAU CAUSATIVO

6ª CONSTRUÇÃO: HIFIL

É o causativo ativo do Qal. Seu sentido é de alguém causando a prática de uma ação, provocando a existência de uma condição ou obrigando alguém a fazer uma ação. Um exemplo claro é Gn 1,11: "*E disse Deus: produza a terra relva...*" Em português, para traduzirmos a idéia passada pela construção Hifil, geralmente precisamos dos verbos auxiliares "mandar", "obrigar" ou "fazer".

Como características, o **passado** (completo ou perfeito) tem prefixo הָ; na 3ª pessoa do masculino e feminino (singular e plural), a sua raiz tem um יְ (ex.: הִמְשִׁיל הוּא = ele fez governar). O **presente** (particípio ativo) tem prefixo מַ. Exemplo: מַמְשִׁיל.

No futuro (imperfeito ou incompleto) tem as vogais *a* no prefixo e *i* na raiz. O mesmo acontece com o pretérito (forma começada com וַ)

Confira todas essas características na tabela da página 67.

7ª CONSTRUÇÃO: HOFAL

É a voz passiva do Hifil. É uma voz passiva causativa. Quanto às características, o **passado** (completo ou perfeito) tem prefixo (*ho*) הָ (ex: הָמְשַׁל = ele foi mandado fazer governar) e o **presente** (particípio ativo) tem prefixo (*mo*) מָ (ex: מָמְשַׁל = ele é mandado fazer governar). Confira todas essas características na tabela da página 67.

Exercícios

Analise e traduza os verbos das frases abaixo.

Gn 1.4 וַיַּרְא אֱלֹהִים אֶת־הָאוֹר כִּי־טוֹב וַיַּבְדֵּל אֱלֹהִים בֵּין
וַיַּבְדֵּל אֱלֹהִים בֵּין הָאוֹר וּבֵין הַחֹשֶׁךְ:

Êx 20.2 אָנֹכִי יְהוָה אֱלֹהֶיךָ אֲשֶׁר הוֹצֵאתִיךָ מֵאֶרֶץ מִצְרַיִם מִבֵּית עֲבָדִים:

| |
| |

Sl 1.3 וְהָיָה כְּעֵץ שָׁתוּל עַל־פַּלְגֵי מָיִם אֲשֶׁר פִּרְיוֹ יִתֵּן בְּעִתּוֹ וְעָלֵהוּ לֹא־יִבּוֹל וְכֹל אֲשֶׁר־יַעֲשֶׂה יַצְלִיחַ:

| |
| |

Pv 10.2 [25]לֹא־יוֹעִילוּ אוֹצְרוֹת רֶשַׁע וּצְדָקָה תַּצִּיל[26] מִמָּוֶת:

| |
| |

---

[25]Verbo da família Pê Yod, em que o Yod inicial se abranda em וֹ (vogal da classe A)
[26]Verbo da família Pê Nun, em que o Num inicial é assimilado na segunda consoante

LIÇÃO 20

VERBOS FRACOS

A principal diferença entre os verbos fortes e fracos está no fato dos verbos fracos possuírem uma letra fraca entre as três letras da sua raiz. Ou seja, na raiz verbal, aparece uma gutural (א, ה, ח, ע e ר) ou ainda as letras fracas י, ו e נ que podem desaparecer em alguns casos. Outra característica dos verbos fracos são as alterações vocálicas. Os verbos fracos podem ser: guturais, contratos e quiescentes.

1º) VERBOS GUTURAIS

São os verbos que possuem uma gutural (א, ה, ח, ע e ר) na sua raiz. Estes verbos sofrem modificações vocálicas com relação aos verbos fortes. Exemplos: אָזַב (abandonar), בָּרַךְ (abençoar, bendizer) e שָׁלַח (enviar).

Por meio das letras do verbo פָּעַל (= fazer) se designa a letra do verbo em que aparece uma letra fraca. Ou seja, se houver um verbo que tem uma gutural na 1ª letra da raiz, se diz que o verbo é da família Pê Gutural = פֶּעַל. Foi através desse paradigma que se estabeleceu os três tipos de verbos guturais: Pê Gutural, Ayin Gutural e Lamed Gutural

1.1. PÊ GUTURAL:

São os verbos que possuem uma gutural na 1ª letra da raiz. Exemplos:

חָמַד (desejar)	עָזַר (ajudar, socorrer)	עָמַד (estar de pé, parar, resistir)
אָסַף (reunir, ajuntar)	עָשַׁק (oprimir, extorquir)	חָשַׁב (pensar, intentar, refletir)
עָזַב (abandonar)	עָבַר (passar)	רָמָה (enganar, atraiçoar)
חָכַם (ser sábio)		

Os verbos Pê Gutural sofrem influências de três tipos: preferência das guturais por shevas compostos, preferência pelas vogais de classe "a" e a incapacidade de germinar.

Como características, vemos: (1ª) quando o א aparece no início, ele é sempre consonantal (por isso a maioria dos verbos começados por essa letra pertence à ordem dos Pê Guturais); (2ª) há cinco verbos em que o prefixo do incompleto (= futuro) recebe a gutural א ('), sendo assim, o א fica silencioso. Alguns verbos Pê Gutural (também chamados de Pê Alef) são:

אָבַד (perecer, sucumbir)	אָבָה (querer)	אָכַל (comer, devorar)
אָפָה (assar, cozinhar, fazer pão)	אָמַר (dizer, falar)	

1.2. AYIN GUTURAL:

São os verbos que possuem uma gutural na 2ª letra da raiz. São afetados pelos mesmos princípios que afetam o Pê Gutural. Alguns verbos Ayin Gutural são:

בָּחַר (escolher, selecionar, eleger)	גָּעַל (aborrecer, detestar)	בָּרַךְ (ajoelhar, abençoar)
שָׁחַט (assassinar, massacrar, abater)	שָׁאַל (perguntar, pedir)	לָחַךְ (lamber, devorar)
נָחַם (arrepender-se, ter compaixão)	זָעַק (gritar, clamar)	גָּאַל (resgatar, redimir)

1.3. LAMED GUTURAL:

São os verbos cuja última letra da raiz pode ser ח, ה ou ע. Nesse caso, א e ה (sem mapiq) no fim de palavras são mudos. Exemplos:

גָּבַהּ (ser alto, soberbo)	שָׁלַח (enviar, mandar)	זָבַח (sacrificar)	פָּתַח (abrir)
שָׁמַע (ouvir)	בָּלַע (devorar, engolir)	בָּרַח (fugir)	שָׁכַח (esquecer)
שָׂמַח (alegrar-se)	יָדַע (conhecer, saber)		

Exercícios

1) Aponte, analise e traduza a forma verbal das frases abaixo.

Jz 8.18 וַיֹּאמֶר אֶל־זֶבַח וְאֶל־צַלְמֻנָּע אֵיפֹה הָאֲנָשִׁים אֲשֶׁר הֲרַגְתֶּם בְּתָבוֹר וַיֹּאמְרוּ כָּמוֹךָ כְמוֹהֶם אֶחָד כְּתֹאַר בְּנֵי הַמֶּלֶךְ׃

Sl 22.2 אֵלִי אֵלִי לָמָה עֲזַבְתָּנִי רָחוֹק מִישׁוּעָתִי דִּבְרֵי שַׁאֲגָתִי׃

Gn 3.2 וַתֹּאמֶר[27] הָאִשָּׁה אֶל־הַנָּחָשׁ מִפְּרִי עֵץ־הַגָּן נֹאכֵל׃

[27] Família Pê Nef, em que o Alef inicial fica quiescente.

Lição 20

Jó 1.10 הֲלֹא־אַתָּ֨ה שַׂ֜כְתָּ [28]בַעֲד֧וֹ
בְעַד־בֵּית֛וֹ וּבְעַ֥ד כָּל־אֲשֶׁר־ל֖וֹ מִסָּבִ֑יב מַעֲשֵׂ֤ה יָדָיו֙
[29]בֵּרַ֔כְתָּ וּמִקְנֵ֖הוּ פָּרַ֥ץ בָּאָֽרֶץ׃

_____
_____

Gn 27.8 וְעַתָּ֥ה בְנִ֖י שְׁמַ֣ע בְּקֹלִ֑י לַאֲשֶׁ֥ר אֲנִ֖י מְצַוָּ֥ה אֹתָֽךְ׃

_____
_____

Ec 7.28 אֲשֶׁ֛ר עוֹד־בִּקְשָׁ֥ה נַפְשִׁ֖י וְלֹ֣א מָצָ֑אתִי
אָדָ֞ם אֶחָ֤ד מֵאֶ֨לֶף֙ מָצָ֔אתִי וְאִשָּׁ֥ה בְכָל־אֵ֖לֶּה לֹ֥א מָצָֽאתִי׃

_____
_____

Is 43.12 אָנֹכִ֞י הִגַּ֤דְתִּי וְהוֹשַׁ֨עְתִּי֙ וְהִשְׁמַ֔עְתִּי וְאֵ֥ין
בָּכֶ֖ם זָ֑ר וְאַתֶּ֥ם עֵדַ֛י נְאֻם־יְהוָ֖ה וַאֲנִי־אֵֽל׃

_____
_____

Dt 8.19 וְהָיָ֗ה אִם־שָׁכֹ֤חַ תִּשְׁכַּח֙ אֶת־יְהוָ֣ה
אֱלֹהֶ֔יךָ וְהָֽלַכְתָּ֗ אַחֲרֵ֛י אֱלֹהִ֥ים אֲחֵרִ֖ים וַעֲבַדְתָּ֑ם
[30]וְהִשְׁתַּחֲוִ֖יתָ לָהֶ֑ם הַעִדֹ֤תִי בָכֶם֙ הַיּ֔וֹם כִּ֥י אָבֹ֖ד תֹּאבֵדֽוּן׃

_____
_____

Is 6.8 וָאֶשְׁמַ֞ע אֶת־ק֤וֹל אֲדֹנָי֙ אֹמֵ֔ר אֶת־מִ֥י אֶשְׁלַ֖ח
וּמִ֣י יֵֽלֶךְ־לָ֑נוּ וָאֹמַ֖ר הִנְנִ֥י שְׁלָחֵֽנִי׃

_____
_____

---

[28] Família Ayin Waw em que o וֹ surge como וֹ ou וֹ.
[29] Família Ayin Gutural em que o ר não pode ser reduplicado.
[30] Forma altamente incomum num grau (construção) em que só este verbo (חָוָה) acontece. Muitos gramáticos tratam como se fosse um Hitpauel do verbo שָׁחָה.

2º) VERBOS CONTRATOS OU ASSIMILANTES

São os verbos que contraem uma ou duas das letras de sua raiz. Como o nome já diz, a característica destes verbos é o de assimilarem, em certas formas, uma de suas letras de raiz.

2.1. PÊ NUN:

É chamado Pê nun, quando a primeira letra da raiz é o *nun*. Lembre-se que quando o *nun* aparecer no final de uma sílaba fechada, ele é assimilado pela letra seguinte.

נָפַל (cair)	נָצַל (livrar, salvar)	נָבַט (olhar, contemplar)
נָחַל (possuir, herdar)	נָפַח (respirar, soprar, ofegar)	נָטַע (plantar, fincar)
נָשָׂא (erguer, levantar)		

2.2. DUPLO AYIN:

Chama-se assim o verbo fraco no qual a letra média da raiz se repete. Exemplos:

אָפַף (rodear, envolver)	בָּזַז (roubar, saquear)	גָּלַל (rolar, se envolver)
אָרַר (amaldiçoar)	מָלַל (falar, referir, proclamar)	קָלַל (ser pequeno, insignificante)
סָבַב (rodear, circundar)		

Exercícios

1) Aponte, analise e traduza a forma verbal das frases abaixo.

Jr 1.9 וַיִּשְׁלַח יְהוָה אֶת־יָדוֹ וַיַּגַּע עַל־פִּי וַיֹּאמֶר
יְהוָה אֵלַי הִנֵּה נָתַתִּי[31] דְבָרַי בְּפִיךָ׃

1 Sm 18,25 וַיֹּאמֶר שָׁאוּל כֹּה־תֹאמְרוּ לְדָוִד
אֵין־חֵפֶץ לַמֶּלֶךְ בְּמֹהַר כִּי בְּמֵאָה עָרְלוֹת פְּלִשְׁתִּים
לְהִנָּקֵם[32] בְּאֹיְבֵי הַמֶּלֶךְ וְשָׁאוּל חָשַׁב לְהַפִּיל[33] אֶת־דָּוִד בְּיַד־פְּלִשְׁתִּים׃

---

[31] A razão para o dagesh forte no segundo ת é a assimilação do nun final da raiz.
[32] Atenção para a presença da preposição לְ
[33] Atenção para a presença da preposição לְ

Lição 20

Nm 21.31 וַיֵּשֶׁב יִשְׂרָאֵל בְּאֶרֶץ הָאֱמֹרִי׃

Sl 119.64 חַסְדְּךָ יְהוָה מָלְאָה הָאָרֶץ חֻקֶּיךָ לַמְּדֵנִי׃

Js 6.7 וַיֹּאמְרוּ אֶל־הָעָם עִבְרוּ וְסֹבּוּ אֶת־הָעִיר וְהֶחָלוּץ יַעֲבֹר לִפְנֵי אֲרוֹן יְהוָה׃

Êx 21.17 וּמְקַלֵּל אָבִיו וְאִמּוֹ מוֹת יוּמָת׃

Gn 8.11 וַתָּבֹא אֵלָיו הַיּוֹנָה לְעֵת עֶרֶב וְהִנֵּה עֲלֵה־זַיִת טָרָף בְּפִיהָ וַיֵּדַע נֹחַ כִּי־קַלּוּ הַמַּיִם מֵעַל הָאָרֶץ׃

Sl 104.35 יִתַּמּוּ חַטָּאִים מִן־הָאָרֶץ וּרְשָׁעִים עוֹד אֵינָם בָּרֲכִי נַפְשִׁי אֶת־יְהוָה הַלְלוּ־יָהּ׃

3º) VERBOS QUIESCENTES

São aqueles que têm na raiz uma letra originalmente muda. Há quatro classes de verbos quiescentes, a saber: Pê-Yod/Pê-Waw, Ayin-Waw/Ayin-Yod, Lamed-Alef e Lamed-He (Lamed Yod)

3.1. PÊ-YOD E PÊ-VAV:

São os verbos cuja primeira letra da raiz é um *yod* ou *waw* (o verbo Pê-waw sempre começa com *yod*). Nesse caso o *yod* e o *waw* se contraem com a vogal precedente. Exemplos:

יָטַב (ir bem, agradar)	יָשַׁר (ser reto)	יָצַר (formar, amoldar)
יָלַךְ (gerar, dar à luz)	יָרֵע (temer, hesitar)	יָלַל (hifil = lamentar, uivar)
יָנַק (sugar, mamar)	יָקַע (virar-se abruptamente)	יָרַד (descer)

3.2. AYIN-WAW E AYIN-YOD:

São verbos que têm na 2ª letra da raiz um *Waw* ou *yod*. Neste caso, o *yod* e o *Waw* caem, dando lugar ao *kamatz*. Exemplos:

קוּם = קָם (levantar),	שׂוּם = שָׂם (pôr, colocar)	רִיב = רָב (lutar)

Lembre-se que o *yod* e o *Waw* da raiz nunca aparecem como consoantes. Exemplos:

שִׁיר (cantar)	רוּץ (correr)	טוּל (lançar, arremessar)
שׁוּב (tornar, retornar)	בּוֹשׁ (envergonhar-se)	גּוּר (peregrinar)

3.3. LAMED-ALEF:

São verbos cuja última letra da raiz é um *alef*. Exemplos:

חָבָא (esconder-se)	נָשָׂא (erguer, levantar, carregar)	קָרָא (chamar, convocar, ler)
יָרָא (temer)	רָפָא (sarar, curar)	שָׂנֵא (odiar, desprezar)
יָצָא (sair, avançar)	בָּרָא (criar)	חָטָא (pecar, falhar)

3.4. LAMED-HE:

São os verbos cujo ה substitui a última letra da raiz, que deveria ser um *yod* ou um *Waw*. Neste caso, o ה é apenas uma *mater lectionis*, representando apenas o som vocálico final. Exemplos:

גָּלָה (despir)	כָּסָה (esconder, cobrir)	כָּלָה (ser ou estar completo)
פָּרָה (frutificar)	עָלָה (subir, oferecer sacrifício)	עָשָׂה (fazer)
נָכָה (ferir, bater)		

Exercícios

1) Aponte, analise e traduza a forma verbal das frases abaixo.

Sl 147.3 הָרֹפֵא לִשְׁבוּרֵי לֵב וּמְחַבֵּשׁ לְעַצְּבוֹתָם׃

Dn 1.10 וַיֹּאמֶר שַׂר הַסָּרִיסִים לְדָנִיֵּאל יָרֵא אֲנִי אֶת־אֲדֹנִי הַמֶּלֶךְ אֲשֶׁר מִנָּה אֶת־מַאֲכַלְכֶם וְאֶת־מִשְׁתֵּיכֶם אֲשֶׁר לָמָּה יִרְאֶה אֶת־פְּנֵיכֶם זֹעֲפִים מִן־הַיְלָדִים אֲשֶׁר כְּגִילְכֶם וְחִיַּבְתֶּם אֶת־רֹאשִׁי לַמֶּלֶךְ׃

Gn 1.31 וַיַּרְא אֱלֹהִים אֶת־כָּל־אֲשֶׁר עָשָׂה וְהִנֵּה־טוֹב מְאֹד וַיְהִי־עֶרֶב וַיְהִי־בֹקֶר יוֹם הַשִּׁשִּׁי׃

Am 7.8 וַיֹּאמֶר יְהוָה אֵלַי מָה־אַתָּה רֹאֶה עָמוֹס וָאֹמַר אֲנָךְ וַיֹּאמֶר אֲדֹנָי הִנְנִי שָׂם אֲנָךְ בְּקֶרֶב עַמִּי יִשְׂרָאֵל לֹא־אוֹסִיף[34] עוֹד עֲבוֹר לוֹ׃

Ne 9.18 אַף כִּי־עָשׂוּ לָהֶם עֵגֶל מַסֵּכָה וַיֹּאמְרוּ זֶה אֱלֹהֶיךָ אֲשֶׁר הֶעֶלְךָ מִמִּצְרָיִם וַיַּעֲשׂוּ נֶאָצוֹת גְּדֹלוֹת׃

Jz 18.19 וַיֹּאמְרוּ לוֹ הַחֲרֵשׁ שִׂים־יָדְךָ עַל־פִּיךָ וְלֵךְ[35] עִמָּנוּ וֶהְיֵה־לָנוּ לְאָב וּלְכֹהֵן הֲטוֹב הֱיוֹתְךָ כֹהֵן לְבֵית אִישׁ אֶחָד אוֹ הֱיוֹתְךָ כֹהֵן לְשֵׁבֶט וּלְמִשְׁפָּחָה בְּיִשְׂרָאֵל׃

---

[34] Verbo Pê Yod, com וֹ na vogal do prefixo.
[35] Verbo הָלַךְ

Noções Básicas de Hebraico Bíblico

Zc 1.16 לָכֵן כֹּה־אָמַר יְהוָה שַׁבְתִּי לִירוּשָׁלַ͏ִם
בְּרַחֲמִים בֵּיתִי יִבָּנֶה בָּהּ נְאֻם יְהוָה צְבָאוֹת
וְקָו יִנָּטֶה עַל־יְרוּשָׁלָ͏ִם׃

Is 43.3 כִּי אֲנִי יְהוָה אֱלֹהֶיךָ קְדוֹשׁ יִשְׂרָאֵל
מוֹשִׁיעֶךָ[36] נָתַתִּי כָפְרְךָ מִצְרַיִם כּוּשׁ וּסְבָא תַּחְתֶּיךָ׃

Mq 6.8 הִגִּיד לְךָ אָדָם מַה־טּוֹב וּמָה־יְהוָה דּוֹרֵשׁ
מִמְּךָ כִּי אִם־עֲשׂוֹת[37] מִשְׁפָּט וְאַהֲבַת חֶסֶד וְהַצְנֵעַ לֶכֶת[38] עִם־אֱלֹהֶיךָ׃

Gn 12.18 וַיִּקְרָא פַרְעֹה לְאַבְרָם וַיֹּאמֶר מַה־זֹּאת
עָשִׂיתָ לִּי לָמָּה לֹא־הִגַּדְתָּ[39] לִּי כִּי אִשְׁתְּךָ הִוא׃

Sl 21.1 לַמְנַצֵּחַ מִזְמוֹר לְדָוִד׃

2) Analise e traduza os verbos das frases abaixo.

Gn 1.1 בְּרֵאשִׁית בָּרָא אֱלֹהִים אֵת הַשָּׁמַיִם וְאֵת הָאָרֶץ׃

Gn 1.3 וַיֹּאמֶר אֱלֹהִים יְהִי אוֹר וַיְהִי־אוֹר׃

---

[36] Esta forma tem o sufixo pronominal objetivo direto de 2ª ms aglutinado ou sem final.
[37] Verbo Pê Gutural e Lamed Hê com conjunção וְ
[38] Verbo הָלַךְ
[39] Verbo Lamed Hê

Lição 20

Gn 1.10 וַיִּקְרָא אֱלֹהִים לַיַּבָּשָׁה אֶרֶץ וּלְמִקְוֵה הַמַּיִם קָרָא יַמִּים וַיַּרְא אֱלֹהִים כִּי־טוֹב

Êx 20.4 לֹא תַעֲשֶׂה־לְךָ פֶסֶל וְכָל־תְּמוּנָה אֲשֶׁר בַּשָּׁמַיִם מִמַּעַל וַאֲשֶׁר בָּאָרֶץ מִתַּחַת וַאֲשֶׁר בַּמַּיִם מִתַּחַת לָאָרֶץ׃

Pv 19.20 שְׁמַע עֵצָה וְקַבֵּל מוּסָר לְמַעַן תֶּחְכַּם בְּאַחֲרִיתֶךָ׃

Pv 19.23 [40]יִרְאַת יְהוָה לְחַיִּים וְשָׂבֵעַ יָלִין בַּל־יִפָּקֶד רָע׃

[40] Verbo Lamed Hê

Vocabulário

Verbos que aparecem 200 ou mais vezes

Tradução	N Vezes	Verbo
Ele reinou (reinar)	347	מָלַךְ
Ele achou	455	מָצָא
Ele falou, declarou	369	[נגד]
Ele imobilizou, assassinou	504	[נכה]
Ele derrubou	434	נָפַל
Ele libertou, salvou	213	[נצל]
Ele levantou, carregou	650	נָשָׂא
Ele deu	2011	נָתַן
Ele mudou de lado, desviou-se	300	סוּר
Ele serviu, trabalhou	289	עָבַד
Ele atravessou, transpassou	547	עָבַר
Ele abandonou, deixou	208	עָזַב
Ele subiu	890	עָלָה
Ele permaneceu de pé, parou	521	עָמַד
Ele respondeu	316	עָנָה
Ele fez	2627	עָשָׂה
Ele visitou, apontou	223	פָּקַד
Ele comandou	496	[צוה]
Ele levantou, ficou de pé	629	קוּם
Ele chamou, leu, encontrou	738	קָרָא

Tradução	N Vezes	Verbo
Ele amou	208	אָהַב
Ele comeu, devorou	807	אָכַל
Ele disse	5298	אָמַר
Ele uniu, removeu	200	אָסַף
Ele veio, foi	2562	בּוֹא
Ele construiu	373	בָּנָה
Ele buscou, desejou, pediu	225	[בקש]
Ele abençoou	327	ברך
Ele falou	1137	[דבר]
Ele era, estava, tornou-se	3548	הָיָה
Ele foi, andou	1549	הָלַךְ
Ele lembrou	222	זָכַר
Ele era forte	293	חָזַק
Ele pecou	238	חָטָא
Ele está vivo	283	חָיָה
Ele soube	940	יָדַע
Ele tornou-se criança	468	יָלַד
Ele somou, adicionou	212	יָסַף
Ele saiu, apagou	1067	יָצָא
Ele sentiu medo	336	יָרֵא

Tradução	N Vezes	Verbo
Ele se aproximou	291	קָרַב
Ele viu	1299	רָאָה
Ele apascentava, cuidava	319	רָעָה
Ele virou, retornou, arrependeu-se	1059	שׁוּב
Ele estabeleceu-se, fixou-se	586	שִׂים
Deitou-se	212	שָׁכַב
Ele enviou	846	שָׁלַח
Ele ouviu	1159	שָׁמַע
Ele observou, guardou, pegou	411	שָׁמַר
Ele bebeu	217	שָׁתָה

Tradução	N Vezes	Verbo
Ele desceu	379	יָרַד
Ele possuiu, dominou	231	יָרַשׁ
Ele sentou, morou, residiu	815	יָשַׁב
Ele salvou, libertou, livrou	205	[ישע]
Ele estabeleceu, fixou	217	כּוּן
Ele completou (algo)	206	כָּלָה
Ele cortou	285	כָּרַת
Ele escreveu	223	כָּתַב
Ele tomou, pegou, agarrou	966	לָקַח
Ele morreu	780	מוּת
Ele encheu algo	250	מָלֵא

Verbos que aparecem entre 100 e 199 vezes

Tradução	N Vezes	Verbo
Ele chorou	114	בָּכָה
Ele tornou-se grande	116	גָּדַל
Ele descobriu, revelou	187	גָּלָה
Ele inquiriu	164	דָּרַשׁ
Ele louvou, era jactancioso	150	הָלַל
Ele coletou, reuniu	127	קָבַץ
Ele enterrou	133	קָבַר
Ele era santo, separado	171	קָדַשׁ
Ele ofereceu (queimou) incenso	116	[קטר]
Ele perseguiu	144	רָדַף
Ele regozijou-se, ficou feliz	154	שָׂמַח
Ele odiou	112	שָׂנֵא

Tradução	N Vezes	Verbo
Ele pereceu	184	אָבַד
Ele creu, teve fé	100	[אמן]
Ele confundiu; envergonhou-se	109	בּוֹשׁ
Ele confiou	120	בָּטַח
Ele compreendeu, discerniu	171	בִּין
Ele matou	167	הָרַג
Ele sacrificou	134	זָבַח
Ele começou, era contaminado	141	[הלל]
Ele acampou	143	חָנָה
Ele planejou, pensou, avaliou	123	חָשַׁב
Ele não estava limpo	163	טָמֵא
Ele louvou, confessou, agradeceu	111	[ידה]

Tradução	N Vezes	Verbo
Ele queimou	117	שָׂרַף
Ele perguntou	172	שָׁאַל
Ele restou, faltou	133	שָׁאַר
Ele encorajou, pediu	185	[שבע]
Ele quebrou em pedaços	148	שָׁבַר
Ele louvou, inclinou-se, curvou-se	172	[שחה]
Ele destruiu, corrompeu	140	[שחת]
Ele esqueceu	102	שָׁכַח
Ele estabeleceu-se	129	שָׁכַן
Ele lançou	125	[שלך]
Ele estava completo, cumpriu	117	שָׁלֵם
Ele julgou	142	שָׁפַט
Ele derramou	115	שָׁפַךְ
Ele coletou, reuniu	127	קָבַץ

Tradução	N Vezes	Verbo
Ele fez bem, fez certo	101	יָטַב
Ele lembrou-se	105	[יתר]
Ele glorificou	113	כָּבֵד
Ele cobriu-se, fez uma expiação	101	[כפר]
Ele vestiu, cobriu	112	לָבַשׁ
Ele lutou, guerreou	171	[לחם]
Ele profetizou	115	[נבא]
Ele tocou	150	נָגַע
Ele aproximou-se	125	נָגַשׁ
Ele fugiu, escapou	157	נוּס
Ele saiu, partiu, viajou	146	נָסַע
Ele rodeou, circundou	162	סָבַב
Ele falou, relatou, contou	107	[ספר]
Ele se dirigiu	135	פָּנָה

Substantivos que aparecem 300 ou mais vezes

Tradução	N Vezes	Subs.
Todo, todos de	5408	כֹּל/כָּל־
Ferramenta, arpão, vasilha	324	כְּלִי
Prata	403	כֶּסֶף
Coração, pensamento, desejo	851	לֵבָב/לֵב
Altar, lugar de sacrifício	400	מִזְבֵּחַ
Água	580	מַיִם
Guerra, batalha (fem.)	316	מִלְחָמָה
Rei	2518	מֶלֶךְ

Tradução	N Vezes	Subs.
Pai, ancestral	1215	אָב
Homem, ser humano	561	אָדָם
Senhor, mestre	425	אָדוֹן/אֲדֹנָי
Barraca, tenda	345	אֹהֶל
Irmão	629	אָח
Homem, marido	2179	אִישׁ
Deus, deuses	2603	אֱלֹהִים
Terra (fem.)	2504	אֶרֶץ

Tradução	N Vezes	Subs.		Tradução	N Vezes	Subs.
Lugar	401	מָקוֹם		Mulher, esposa (fem.)	782	אִשָּׁה
Família, clã (fem.)	303	מִשְׁפָּחָה		Casa, casa de	2036	בַּיִת / בֵּית
Julgamento, justiça	424	מִשְׁפָּט		Filho	4891	בֵּן
Oráculo	373	נְאֻם		Filha (fem.)	574	בַּת
Profeta	315	נָבִיא		Nação, povo	556	גּוֹי
Alma, vida, pessoa (fem.)	753	נֶפֶשׁ		Palavra, coisa	1442	דָּבָר
Servente, escravo, lavrador	799	עֶבֶד		Sangue	360	דָּם
Iniqüidade, culpa, punição	229	עָוֹן		Caminho, rodovia (f/m)	706	דֶּרֶךְ
Holocausto completo (fem.)	286	עוֹלָה		Montanha	547	הַר
Templo (fem.)	294	עֵת		Ouro	387	זָהָב
Rebanho, ovelha	273	צֹאן		Espada	411	חֶרֶב
Dentro, meio, interior	227	קֶרֶב		Mão	1617	יָד
Pé (fem.)	243	רֶגֶל		Dia	2291	יוֹם
Paz	237	שָׁלוֹם		Mar	392	יָם
Lei, instrução	220	תּוֹרָה		Sacerdote	752	כֹּהֵן

Substantivos que aparecem 100 e 199 vezes

Tradução	N Vezes	Subs.		Tradução	N Vezes	Subs.
Reino, domínio, reinado (fem.)	117	מַמְלָכָה		Luz	122	אוֹר
Número, soma total	134	מִסְפָּר		Ovelha (fem.)	187	אָזֶן
Comando, provérbios, mandamentos	181	מִצְוָה		Irmã (fem.)	114	אָחוֹת
Aparição, visão	103	מַרְאֶה		Outro	166	אַחֵר
Lugar santo, tabernáculo	139	מִשְׁכָּן		Carneiro	182	אַיִל
Negueb, terra seca, sul	110	נֶגֶב		Gado (fem.)	190	בְּהֵמָה

Vocabulário

Português	Pág.	Hebraico
Rio, riacho, corrente de água	117	נָהָר
Vale, torrente	137	נַחַל
Cobre, bronze	133	נְחֹשֶׁת
Chefe, príncipe	129	נָשִׂיא
Cavalo	137	סוּס
Livro, documento, escrito	185	סֵפֶר
Labor, serviço, trabalho (fem.)	145	עֲבוֹדָה
Congregação	149	עֵדָה
Pó, poeira	110	עָפָר
Osso, substância (fem.)	126	עֶצֶם
Tarde	135	עֶרֶב
Pé, pegada, tempo, ocorrência (f.)	115	פַּעַם
Búfalo jovem	133	פַּר
Fruta, fruto	118	פְּרִי
Abertura, porta de entrada, entrada	164	פֶּתַח
Norte (fem.)	153	צָפוֹן
Multidão, abundância	151	רֹב
Largura	101	רֹהַב
Carro de guerra, carruagem	119	רֶכֶב
Fome, esfomeado	101	רָעָב
Lábio, discurso, borda, orla (fem.)	176	שָׂפָה
Vara, cetro, tribo	190	שֵׁבֶט
Sábado (fem./mas.)	111	שַׁבָּת
Óleo, gordo, gordura	193	שֶׁמֶן
Sol	134	שֶׁמֶשׁ
Shekel	113	שֶׁקֶל
Abominação (fem.)	117	תּוֹעֵבָה
Primogênito, mais velho	122	בְּכוֹר
Rebanho, gado	183	בָּקָר
Herói	159	גִּבּוֹר
Geração, período	167	דּוֹר
Sacrifício	162	זֶבַח
Velho, Ancião	187	זָקֵן
Parede (fem.)	133	חוֹמָה
Exterior, rua, lado de fora	164	חוּץ
Sábio	138	חָכָם
Sabedoria (fem.)	153	חָכְמָה
Calor, raiva (fem.)	125	חֵמָה
Metade	126	חֲצִי
Corte, vila, povoado (f/m)	190	חָצֵר
Estatuto	129	חֹק
Decreto, estatuto (fem.)	100	חֻקָּה
Vinho	141	יַיִן
Sul, lado ou mão direita	139	יָמִין
Único justo	118	יָשָׁר
Glória, honra	199	כָּבוֹד
Ovelha	107	כֶּבֶשׂ
Força, poder	125	כֹּחַ
Asa, saia, aba, extremidade	109	כָּנָף
Acento de honra, trono, cadeira	135	כִּסֵּא
Palma, sola do pé	193	כַּף
Língua	117	לָשׁוֹן
Terra comum	110	מִגְרָשׁ
Morte	161	מָוֶת
Ocupação, trabalho (fem.)	166	מְלָאכָה

Bibliografia

BACON, Betty. *Estudos na Bíblia Hebraica*. Ed. Vida Nova, São Paulo, 1997.

BEREZIN, RIFKA. *Dicionário Hebraico-Português*. Edusp. São Paulo, 1995.

BÍBLIA HEBRAICA STUTTGARTENSIA. Deutsche Biblelegesellschaft, Alemanha, 1990.

COFFIN, Edna Amiz. *Lessons in Modern Hebrew*. The University of Michigan Press. USA, 1989.

KIRST, Nelson. *Dicionário de Hebraico-Aramaico*. 11ª edição. Ed. Vozes-Sinodal, Petrópolis, 2000.

HATZAMRI, Abraham e Shoshana More-Hatzamri. *Dicionário Hebraico-Português / Português-Hebraico*. Ed. Aurora, 1995.

FEINSTEIN, Marnin. *Basic Hebrew*. Bloch Publishing Co. New York, 1980.

GESENIUS, William e Emil Kautzsch *Gesenius' Hebrew Grammar*. Oxford Press USA, 1980.
GREENBERG, Moshe. *Introduction to Hebrew*. Prentice-Hall. USA, 1965.

KELLEY, Page H. *Hebraico Bíblico - Uma Gramática Introdutória*. Ed. Sinodal, São Leopoldo ()RS), 1998.

KERR, Guilherme. *Gramática Elementar da Língua Hebraica*. JUERP, Rio de Janeiro, 1979.

Anotações

Sua opinião é importante para nós.
Por gentileza, envie-nos seus comentários pelo e-mail:

editorial@hagnos.com.br

Visite nosso site:

www.hagnos.com.br